Heinz Goldmann

„Überzeugende Kommunikation"

REDLINE WIRTSCHAFT

Heinz Goldmann

„Überzeugende Kommunikation“

Die 12 unumstößlichen Erfolgsgesetze“

REDLINE WIRTSCHAFT

Die Deutsche Bibliothek – CIP-Einheitsaufnahme

Heinz Goldmann
Überzeugende Kommunikation
Die 12 unumstößlichen Erfolgsgesetze
Frankfurt: Redline Wirtschaft, 2004
ISBN 3-636-03009-4

1. - 4. Auflage bei Econon

Unsere Web-Adresse:

http://www.redline-wirtschaft.de

Umschlag: INIT, Büro für Gestaltung, Bielefeld
Satz: mi, M. Zech
Druck und Bindearbeiten: Himmer, Augsburg
Printed in Germany

Inhaltsverzeichnis

Überzeugende Kommunikation für Könner – aber wie?

Sie nehmen dieses Buch in die Hand und möchten Ihre Fähigkeit, Menschen durch Kommunikation zu überzeugen, verbessern. Oder einfach: Sie wollen ein besserer Redner werden. Vielleicht sind Sie aber auch ein gestandener Manager, der gut reden kann, aber darüber hinaus besonderen Ansprüchen gerecht werden will, nämlich ein besonders guter Kommunikator zu werden. Fazit: Sie müssen nicht nur gut sein, sondern, im wahrsten Sinne des Wortes, hervorragend. Und das ist nicht so einfach.

Dabei befinden Sie sich in guter und großer Gesellschaft. Laut amerikanischer Untersuchungen fürchten sich die meisten Menschen mehr vor einem schwierigen Redeauftritt als vor Krankheit, Kündigung, Überfall, Unfall, Gebrechen oder Verlust an Geld und Gut.

Wie Ihnen vor, während oder nach einem Redeauftritt zumute ist, kann ich gut nachfühlen. Bei meinen eigenen ersten Auftritten verließen die Zuhörer scharenweise den Saal. Am Ende der Seminarreihe – insgesamt zwölf Abendveranstaltungen – war nur noch ein Viertel der Teilnehmer anwesend. Keine Hand rührte sich zum Beifall. Niemand bedankte sich. Es herrschte peinliche Stille. Keinerlei positive Geste. Kein freundliches Wort. Das Ende war ebenso bedrückend wie der Anfang. Sie sind sicher besser dran – schlimmer wohl kaum.

Sie wollen natürlich wissen, wie aus diesen Misserfolgen Erfolge wurden. Ein Wunderrezept würden Sie sicher begrüßen. Aber es gab keins. Sondern nur lange, zähe, harte Arbeit. Und die Erkenntnisse, die Sie auf den folgenden Seiten finden. Und mein (anfangs etwas verwegener) Entschluss, anderen zu helfen, meine Fehler zu vermeiden, eine bessere Figur abzugeben, sich durchzusetzen, erfolgreich zu kommunizieren.

Eine Einzelerfahrung reicht natürlich nicht als Erfolgsbeweis. Aber wir – meine Kollegen und ich – haben die Richtlinien, Methoden und Techniken hundert-, ja tausendfach in unseren internationalen Kommunikationsseminaren getestet. Auf Deutsch, auf Englisch, Französisch, Italienisch oder Schwedisch. In Deutschland, im übrigen Europa, in den USA, in Südamerika und Fernost. Wir haben seit über vierzig Jahren Hunderte von erfolgreichen und weniger erfolgreichen Reden zu allen denkbaren Anlässen gehört und analysiert. Von Unternehmern, Führungskräften, Politikern, Fachreferenten, Medienvertretern, Gewerkschaftern, Experten und Privatpersonen. Und dabei haben wir festgestellt: Mit herkömmlicher Rhetorik oder Redekunst können Sie heute keinen Menschen mehr überzeugen. Sie ist veraltet, abgenutzt, überholt – oder würden Sie sich heute noch auf ein Auto, ein Telefon, ein Radio, ein Arzneimittel oder auf eine Schreibmaschine aus den zwanziger Jahren verlassen?

Mit eingleisiger Information, einem abgelesenen Vortrag, markigen Sprüchen, selbstgefälligen Gedanken, vorformulierten Redewendungen, manipulativen Kniffen überzeugt man heute keinen Menschen mehr.

Kommunikation ist etwas anderes. Das wissen Sie. Sie wissen vermutlich auch, dass alle Menschen heutzutage von Kommunikation reden. Jedes Unternehmen, das etwas auf sich hält, hat eine Kommunikationsdirektion, eine Kommunikationsabteilung, betreibt Kommunikationspolitik, Kommunikationsstrategie, setzt auf Kommunikationsphilosophie, Kommunikationskultur und Kommunikationsexperten. Aber dahinter steckt meistens nur ein Worttrick: Man sagt zwar Kommunikation, meint aber Information. Eine Mitteilungs-Einbahnstraße – keine Zweigleisigkeit. Kommunikation ist aber nun etwas anderes – ist in erster Linie Verständigung, aber auch Einbeziehung, Beteiligung, Rückkoppelung, Zustimmung, Gemeinsamkeit, ist also zweigleisig und erfordert Dialog.

Schwierig für Ihre Praxis? Nein, eher leichter als herkömmliche Rhetorik. Und durch den Aufbau des Buches wird es Ihnen noch einfacher gemacht.

Zuerst die zwölf Grundregeln der Kommunikation für Könner. Sie finden sie auf den folgenden Seiten, gefolgt von den zwölf häufigsten Fehlern, die bei der Kommunikation zwischen Menschen gemacht werden. Dann die praktischen Richtlinien in Kurzform aufgezählt. Diese finden Sie ausführlich in den entsprechenden zwölf Kapiteln erläutert. Pro Grundregel ein Kapitel.

Natürlich ersetzt kein Lehrbuch ein Training. Aber der Aufbau erlaubt Ihnen Stofferfassung und vermittelt Nutzanwendung. Jedes Kapitel beginnt mit vier Fragen und vier Fallbeispielen. Antwort und Lösung finden Sie beim Lesen des Kapitels. Tragen Sie sie an den vorgesehenen Platz ein. Diese Methodik, die sich schon bei meinem Standardwerk „Wie man Kunden gewinnt“ bewährt hat, ermöglicht Ihnen ein kontrollierbares Selbststudium und bietet Ihnen eine einfache Trainingsanleitung!

Und nun noch ein letzter Tipp, bevor Sie anfangen: Bemühen Sie sich, andere wirklich zu verstehen – dann wird man auch Sie verstehen. Hören Sie anderen zu – dann wird man auch Ihnen zuhören. Erfassen Sie genau, was andere Menschen gewinnen wollen, geistig oder materiell – dann werden auch Sie andere Menschen für Ihre Ziele gewinnen.

Und, zu guter Letzt: Meine eigenen, persönlichen Erfolgsrezepte aus der Praxis der letzten Jahre in kurzen Sätzen, am Ende jedes Kapitels.

Heinz Goldmann, 2004

PS. Sie werden merken, auch schriftliche Kommunikation funktioniert nach dem beschriebenen Rezept: Sie werden keine „Ichs“ in diesem Leitbuch vorfinden. Dafür massenhaft „Sie“. Und die vielen Fragen bewerkstelligen einen laufenden Dialog mit Ihnen als Leser. Gehen Sie ebenso vor!

Die zwölf Grundregeln erfolgreicher Kommunikation für Könner

Um erfolgreich zu reden, Akzeptanz und Zustimmung zu erzielen, das heißt zu kommunizieren, sollten Sie diese zwölf Regeln beachten:

1 Anders und viel, viel früher vorbereiten

2 Ihre Ausdrucksmittel beherrschen lernen

3 Die zwei Schlüsseleigenschaften Empathie und Projektion einsetzen

4 EMMA beachten – Erwartungen, Meinungen, Motivationen und Anwesenheitsmotiv der Teilnehmer

5 Aus Zuhörern Teilnehmer machen – Aktive Beteiligung erwirken

6 Einen wirklich Erfolg versprechenden Anfang finden

7 Einen packenden Abschluss wählen

8 Organisationsgrundregeln beachten – besonders bei großen Gruppen

9 Lampenfieber kontrollieren

10 Die drei Redearten klar unterscheiden

10.1 Gelegenheitsreden

10.2 Informationsreden

10.3 Zweckreden

11 Diskussion beherrschen – Wie Sie auch mit schwierigen Fragen und Angriffen fertig werden

12 Vor allem: Motivieren können!

Die zwölf Grundfehler erfolgloser Kommunikation

Sie können nicht erfolgreich reden – und schon gar nicht kommunizieren –, wenn Sie diese entsprechenden zwölf Fehler begehen:

1 Sich gar nicht, falsch oder zu spät vorbereiten

2 Mit herkömmlicher Rhetorik versuchen, Reden zu halten

3 Keine Einfühlung in Teilnehmer und keine Selbstbehauptung zeigen

4 Teilnehmer falsch einschätzen

5 Monologe halten

6 Einen nichts sagenden Anfang wählen

7 Mit einem banalen oder gar keinem Schluss aufwarten

8 Organisatorische Fallen missachten

9 Mit dem Lampenfieber nicht fertig werden

10 Die drei unterschiedlichen Redetypen nicht kennen

11 Bei Einwänden, Fragen und Angriffen versagen

12 Die Teilnehmer langweilen

Das Wichtigste in Kurzfassung

Und hier finden Sie das Wichtigste in Kurzfassung. Eine ausführliche Erläuterung des jeweiligen Themas finden Sie im entsprechenden Kapitel des Hauptteils.

1. Kapitel
„Anders und viel, viel früher vorbereiten"

Fast jeder Redner beginnt zu spät mit der Vorbereitung. Dabei ist eine sorgfältige Analyse der Teilnehmer notwendig, um die erste Voraussetzung der Kommunikation zu erfüllen: ein gemeinsames Ziel finden. Dann – erst dann – folgt Sammlung, Sichtung, Ausarbeitung und Beherrschung des Stoffes. Voraussetzung für den Erfolg Ihrer Rede ist eine einfache und exakte Zielsetzung. Üben Sie Ihre Darstellung. Sprechen Sie den Text mehrfach laut vor. Sportler trainieren für jeden Wettkampf. Also: Sie auch! Und niemals unvorbereitet reden. Selbst wenn Sie am Tisch oder in einer Gruppe zu einer spontanen Rede aufgefordert werden, können Sie mit ein paar Tricks notwendige Vorbereitungszeit gewinnen.

2. Kapitel
„Ihre Ausdrucksmittel beherrschen"

Wer in einem „Rede-Smoking" vor seine Teilnehmer tritt, wird sie nicht überzeugen können. Halten Sie keine „Sonntagsreden", und lesen Sie auch Ihren Text nicht ab. Setzen Sie Ihre deutliche Stimme und Ihre einfache Sprache, echten Augenkontakt und Ihre natürliche Dynamik ein. Und denken Sie beim Sprechen an KUSS – kürzer, unkomplizierter, schneller und spannender. Ihre Rede sollte anschaulich sein. Dabei macht ihre Darstellung bis zu 80 Prozent des Erfolges aus – lediglich der Rest wird durch den Inhalt bestimmt. Bilder wirken stärker als Wörter. Setzen Sie deshalb visuelle Hilfsmittel ein. Also: Vor allem das WIE sorgfältig planen! Das WAS wird Ihnen weniger Schwierigkeiten bereiten!

3. Kapitel

„Die zwei Schlüsseleigenschaften Empathie und Projektion einsetzen"

Zeigen Sie den Teilnehmern Ihre Empathie, also Einfühlung („Sie haben es schwer, meine Damen und Herren"), und verstärken Sie Ihre Projektion, also Ausstrahlung („... aber seien Sie sicher, ab morgen geht es aufwärts!"). Die Einfühlung in die Teilnehmer und die Ausstrahlung Ihrer Persönlichkeit machen Sie zu einem wirklichen Kommunikator. Für die Einfühlung unbedingt beachten: die 5:1-Regel. Fünfmal häufiger „Sie" oder „wir" als „ich" verwenden. „Wir" oder „Sie" öffnen Herz und Verstand Ihrer Teilnehmer. Andere wirklich verstehen und ihre entsprechende Botschaft eindrucksvoll ausdrücken – damit gewinnen und überzeugen Sie Menschen.

4. Kapitel

„EMMA beachten – Erwartungen, Meinungen, Motivationen und Anwesenheitsmotiv der Teilnehmer"

Kommunikation ist umgedrehte Rhetorik. Entscheidend ist nicht das, was der Redner will, sondern das, was die Teilnehmer wollen. Kommunikation mit den Teilnehmern bedeutet, einen gemeinsamen Nenner zu finden. Jede Rede muss für die Zielpersonen maßgeschneidert sein. Was wollen die Teilnehmer? Was erwarten sie? Wie denken sie? Und warum sind sie hier? Wenn Sie EMMA beachten, stimmt auch Ihr Inhalt.

5. Kapitel

„Aus Zuhörern Teilnehmer machen – Aktive Beteiligung erwirken"

Kommunikation heißt: Aus Zuhörern Teilnehmer machen. Mit einer Rede in Monologform locken Sie kaum jemandem mehr als ein müdes Lächeln oder pflichtschuldige Anwesenheit ab. Mit einer Aktiven Beteiligung (AB) – („Hätten Sie das auch so gemacht?“, „Sind Sie damit einverstanden?“, „Können Sie das nachvollziehen?“) – erzielen Sie eine echte Rückkoppelung. Lesen Sie die vielen Beispiele für Aktive Beteiligung in Kapitel 5.

6. Kapitel

„Einen wirklich Erfolg versprechenden Anfang finden"

Der erste Satz ist der zweitwichtigste Ihrer ganzen Rede. Manche Redner verlieren schon im ersten Satz die Aufmerksamkeit der Teilnehmer. Ein zündender, viel versprechender V3-Anfang ist wichtig – ein „Vorteilsversprechend-vorweg-Anfang“. Keine Floskeln wie „Einen schönen guten Tag, meine Damen und Herren“, „Es ist mir eine besondere Freude“, „Vielen Dank für Ihr zahlreiches Erscheinen“. Finden Sie vielmehr einen die Teilnehmer echt motivierenden „Aha!“ – Einstieg!

7. Kapitel

„Einen packenden Abschluss wählen"

Der letzte Satz ist der wichtigste. Mit einem guten Abschluss lässt sich sogar eine schlechte Rede retten. Mit einem schwachen Schluss machen Sie jede Rede kaputt. Es gibt viele Möglichkeiten: Ein „Schluss – V3“: Vorteilversprechen vollendet, Ausblick, Nutzanwendung, Appell. Alles besser, als sich zu bedanken (wofür eigentlich?), Fischen nach Komplimenten („Ich möchte hoffen, Ihnen ...“) oder ein Aufhören ohne Schluss („... so, das wär's“).

8. Kapitel

„Organisationsgrundregeln beachten – besonders bei großen Gruppen"

Berücksichtigen Sie die gesamte Liste, die von der Raumwahl, der Platzierung und Akustik über Beleuchtung, Belüftung, dem Absichern vor Störungen bis zur Verpflegung reicht. Organisatorische Mängel und Tücken, auch Kleinigkeiten, können Ihre beste Rede zerstören. Selbst wenn Sie nur an diesen

„Kleinigkeiten" scheitern, wird Sie dafür niemand positiver beurteilen. Insbesondere bei großen Gruppen sollten Sie alle Risiken von Organisationsfehlern vorbeugen sowie alle Ausdrucksmittel verstärken.

9. Kapitel
„Lampenfieber kontrollieren"

Es gibt keinen wirklich guten Redner, Fernsehmoderator, Politiker oder Schauspieler ohne Lampenfieber. Nur wem der Erfolg gleichgültig, die eigene Wirkung auf andere Menschen egal ist, wer keinen Ehrgeiz oder Ansporn empfindet, kann spannungsfrei reden. Doch das macht ihn noch lange nicht zu einem guten Kommunikator. Lampenfieber kann Sie anregen, Sie beflügeln, Ihre Energien mobilisieren. Wenn Sie Ihr Lampenfieber kontrollieren und zu Ihrem Verbündeten machen, entfalten Sie Ihre Leistungsreserven. Beachten Sie die zehn Hilfen zum Überwinden von Spannungen.

10. Kapitel
„Die drei Redearten klar unterscheiden"

a) „Gelegenheitsreden"
b) „Informationsreden"
c) „Zweckreden"

Jede verlangt von Ihnen unterschiedliches Vorgehen.

Gelegenheitsreden werden zur Unterhaltung (Tischreden), zu Feiern (Jubiläen, Eröffnungen usw.) oder als Rahmenreden (Redner oder Veranstaltungen einführen und/oder abschließen) gehalten.

Eine genaue Unterscheidung nach Anlass, Ziel und Methoden ist wichtig. Eine *Gelegenheitsrede* sollte höchstens drei bis vier Minuten dauern, viele AB (Aktive Beteiligung) und AV (Audiovisuelle Hilfsmittel) enthalten und mit Episoden, Beispielen oder Zitaten geschmückt sein. Darstellung ist wichtiger als Inhalt.

Bei *Informationsreden* steht die gezielte Kenntnisvermittlung im Vordergrund. Laufende AB, AV zur Verständigung. Länge: höchstens zwanzig Minuten. Tatsachen anschaulich darstellen, Verständigungskontrollen einsetzen und Zusammenfassungen einbauen, Neugier schaffen, Nutzeffekt für die

Teilnehmer unterstreichen. Und vor allem: MOTIVIEREN! Wenn Sie Ihre Teilnehmer für Ihre Informationen nicht wirklich interessieren, können Sie sich die ganze Rede sparen.

Bei *Zweckreden* unterscheiden Sie

1. Überzeugungsreden (Beeinflussung von Meinungen, Präsentationen von Projekten, Vorschläge bei Sitzungen, Verkaufsaktionen usw.);
2. Begeisterungsreden, die zum Einsatz auffordern, anspornen, Motivationen ansprechen, positive Emotionen erzeugen, Gemeinsamkeitsgefühl wecken;
3. Handlungsreden (zum Beispiel Abstimmungen im Aufsichtsrat, Entscheidungen bei einer Betriebsversammlung, Beschlussfassungen in Arbeitsgremien).

Da die Zielgruppen unterschiedlich eingestellt sind (eher negativ bei 1, positiv bei 2, engagiert bei 3) muss auch der Aufbau Ihrer Kommunikation verschieden sein. Überzeugungsreden beeinflussen, bekehren, verkaufen. Begeisterungsreden sollen anspornen, animieren, motivieren und Handlungsreden eine kontrollierbare, konkrete Sofortaktion auslösen.

11. Kapitel

„Diskussion beherrschen – Wie Sie auch mit schwierigen Fragen und Angriffen fertig werden"

Wer eine gute Rede hält, aber in der nachfolgenden Diskussion schlecht aussieht, verliert. Zwölf Ratschläge und eine Reihe taktischer Tricks für das Verhalten bei einer Diskussion werden Ihnen weiterhelfen. Ferner sollten Sie jede Diskussion gut vorbereiten. Das gilt auch für Angriffe und Kritik. Dabei Hauptregel beachten: Nicht überreagieren. Sie wollen Menschen überzeugen, nicht überfahren.

12. Kapitel

„Vor allem: Motivieren können!"

Motivation hat zwei Aspekte. Der eine ist, die Teilnehmer in ihren wesentlichen Primärmotiven und Wunschvorstellungen wie Geltung und Sicherheit anzusprechen. Oder andere Lebensziele wie auch Gemeinsamkeit, Entwicklung, Erfolg, Leistung, Zuneigung, Freundschaft, Glück, Gesundheit oder Wissensdrang. Die Ansprache dieser Schlüsselbegriffe hilft Ihnen, Menschen zu gewinnen und zu überzeugen.

Zweitens müssen Sie Ihre Teilnehmer laufend fesseln, engagieren – kurz, sie motivieren, Ihnen zuzuhören. Wenn Ihnen das nicht gelingt, hat Ihre Rede keine Wirkung. Auch für negative Mitteilungen (Entlassungen, schlechte Ergebnisse) müssen Sie mit Engagement, positiven Gedanken, Vorschlägen, Lösungsmöglichkeiten oder zukünftigen Verbesserungen motivieren können. Vergessen Sie nicht: Ein guter Motivator spricht das Gefühl, nicht den Verstand an.

Wenn Sie die Ratschläge dieser zwölf Kapitel beachten, werden Sie zum Könner. Sie werden Menschen überzeugen können, seien es nun Mitarbeiter, Kunden, Vorgesetzte, Auftraggeber, Partner, Freunde oder auch Gegner – durch gekonnte Kommunikation.

Und beachten Sie außerdem die „Erfolgsrezepte", eins pro Kapitel.

1

Anders und viel, viel früher vorbereiten

Können Sie diese vier Fragen beantworten?

1 *Behält man mehr im Gedächtnis, wenn man sich erst im letzten Moment auf seine Rede vorbereitet?*

2 *Stimmt es, dass man für die Vorbereitung einer Rede doppelt soviel Zeit braucht wie später für die Darstellung?*

3 *Kann man im Notfall einen Mitarbeiter bitten, die gesammelten Informationen für eine Rede zu sortieren und auszuarbeiten?*

4 *Ist es besser, als erster oder als letzter Redner bei einer Veranstaltung zu sprechen?*

Können Sie diese vier Probleme lösen?

1 Hans Neumann ist ein gefeierter Werbefachmann. Seine Agentur floriert. Er wird häufig aufgefordert, seine Arbeit vorzustellen, seine Konzeptionen zu präsentieren. Herr Neumann hat darin große Erfahrung. Er erzählt immer die – auf jeden Fall für ihn – spannende Geschichte der Entstehung seiner Agentur, präsentiert die erfolgreichen Werbekampagnen der letzten Jahre und macht dabei immer dieselben geistreichen Bemerkungen. Aus Gewohnheit und weil er Zahlen und Fakten leicht vergisst, liest er einen großen Teil seiner Rede ab. Die Resonanz ist recht positiv. Herr Neumann wirkt sympathisch. Aber er wundert sich neuerdings immer häufiger, warum er trotz gut besuchter Präsentationsveranstaltungen so wenig Neukunden gewinnt:

Wissen Sie, warum?

Was müsste er anders machen?

2 Jochen Borgwardt, Inhaber eines Softwareunternehmens, ist ein glänzender Redner. Er verfügt nicht nur über ein breites Fachwissen, er kann auch fesselnd erzählen und trifft bei seinen Reden immer genau den Ton seiner Teilnehmer. Und – er redet ohne Mauskript. Nur irgendwie kommt Herr Borgwardt immer wieder ins Plaudern, verliert den Faden, vergisst vorbereitete, wichtige Dias und verwechselt auch schon mal seine Folien.

Was würden Sie ihm raten?

Welches weitere Problem könnte bei seinen Präsentationen noch entstehen?

3 „Es ist mir eigentlich am liebsten, wenn ich als Letzte spreche", sagt Frau Dr. Stahl, Umweltschutzbeauftragte eines Mineralölkonzerns, dem Veranstalter eines Vortragsabends, zum Thema „Ökonomie und Ökologie". So passiert es häufig, dass sie als letzte Rednerin auftritt. Vor ihr reden Vertreter von Parteien, Umweltschutzorganisationen und Bürgerinitiativen. Wenn Frau Dr. Stahl aufs Podium geht, sitzen die Teilnehmer seit zwei Stunden im Saal und haben bereits sechs Reden gehört. Jeder hat seine Zeit um mehr als fünf Minuten überschritten. Die Teilnehmer sind müde und wenig aufnahmefähig. Frau Dr. Stahl hat wenig Chancen, ihren mit vielen Tatsachen sachlich unterlegten Standpunkt darzustellen.

Was hat sie falsch gemacht?

4 Ein deutscher Unternehmer wird zum ersten Mal zu einem Vortrag nach Spanien eingeladen. Er bereitet sich wie immer gründlich vor. Doch im Ausland erwarten ihn ganz neue Probleme. Erst einige Stunden vor seiner Rede merkt er dies bei Gesprächen mit Veranstaltern. Er kommt durch die ungeahnten Probleme in Schwierigkeiten, verliert seine Selbstsicherheit und geht mit seinem Vortrag „baden".

Welche Probleme sind gemeint?

Was hätten Sie ihm während der Vorbereitungsphase geraten?

Alltägliche Kommunikation

Der Alltag eines Vorstandes sieht ungefähr so aus:

Montag:

Einweihung eines neuen Werkes. Vor den Mitarbeitern soll er eine Rede halten.

Dienstag:

Ein großer Rohstofflieferant hat sich angesagt. Komplizierte Verhandlungen müssen geführt werden.

Mittwoch:

Aufsichtsratssitzung. Die Mitglieder erwarten einen detaillierten Bericht über die Lage des Unternehmens und Vorschläge für Rationalisierungsmaßnahmen.

Donnerstag:

Ein Journalist eines großen Wirtschaftsmagazins hat sich angesagt. Er will ein Interview führen. Thema: „Das rückläufige Halbjahresergebnis des Unternehmens."

Freitag:

Am Vormittag wird ein Abteilungsleiter verabschiedet, der in den Ruhestand geht. Am Nachmittag will der Betriebsrat über drohende Entlassungen diskutieren.

Reden, Besprechungen, Vorträge, Wortgefechte, Aussprachen, Befragungen, Verhandlungen, Debatten – für oberste Führungskräfte sind derartige Kommunikationsaufgaben Alltag. Und doch – oder gerade deswegen – werden sie gar nicht oder nur ungenügend trainiert. Die Folge: Bei der Kommunikation machen auch gestandene Führungskräfte viele Fehler. Diese Fehler beginnen beispielsweise bei der Vorbereitung für eine Präsentation, setzen sich fort bei einem Vortrag vor Studenten, bei einer Abschiedsrede vor Pensionären und enden mit einer Geschäftsverhandlung oder einer Diskussion mit Verbandsvertretern.

Warten Sie nicht bis zum letzten Augenblick mit Ihren Vorbereitungen für eine Rede!

Dagegen hört man oft das Argument: „Wenn ich mich kurz vor dem Auftreten mit einem Thema beschäftige, kann ich mich während der Rede leichter daran erinnern." Und andere meinen: „Mir fehlt die Zeit für eine gründliche Vorbereitung, und da schreibe ich die Rede halt auf."

Beides stimmt nicht. Die Vorbereitung braucht Zeit. Aber: Je früher, desto weniger (das Gehirn leistet unbewusst „Überstunden"). Haben Sie nicht genügend Zeit, sich rechtzeitig und genügend vorzubereiten? Dann halten Sie eine kürzere oder – falls vermeidbar – gar keine Rede.

Bei der Beurteilung hilft Ihnen folgendes Schema:

Soll ich reden?

Beurteilungs-maßstäbe	Wertung +	=	-
1. Verpflichtung	unvermeidbar	gewisse	keinerlei
2. Wirkung	außerordentlich	begrenzt	gering
3. Risiko	groß	mittel	klein

Zwei Beispiele zur Erläuterung:

1. Die Verpflichtung für eine Tischrede ist meistens gering. Auch bei großem Erfolg ist die Wirkung begrenzt, das Risiko mittel.
2. Andererseits: Bei einer Generalversammlung müssen Sie als Vorstand sprechen. Das ist unvermeidbar. Die Wirkung kann außerordentlich sein, das Risiko allerdings auch.

Die Tischrede können Sie vermeiden, die zweite müssen sie halten, und zwar gut. Je öfter Ihre Wertungskriterien im linken Planquadrat angesiedelt sind, desto gründlicher muss auch Ihre Vorbereitung sein.

Überlegen Sie sich gut im Voraus, ob Sie wirklich reden sollten. Ein Misserfolg hinterlässt Narben, manchmal auch offene Wunden. Sie tragen Ihre eigene Haut zu Markte. Entscheiden Sie entsprechend. Eine Warnung aus jahrzehntelanger Erfahrung: Zwei Drittel aller missglückten Reden scheitern, bevor sie begonnen haben, und zwar an mangelnder oder auch falscher Vorbereitung.

Vorbereitung:

Sie müssen das Material sichten und die Substanz in sich aufnehmen. Das geht nicht in fünf Minuten, auch wenn Sie nur einen viertelstündigen Standardvortrag vor Werksbesuchern halten wollen. Die Regel lautet: Die Vorbereitung braucht zehnmal mehr Zeit als die Dauer der Rede. Jawohl, zehnmal! Kein Profi würde es anders machen. Also Sie bitte auch nicht. Man sieht – oder besser hört – nur den kleinsten Teil der Arbeit: Ihre Rede. Sie ist aber lediglich die Spitze des Eisbergs. Das größte Stück Arbeit, die Vorbereitung, bleibt den Teilnehmern verborgen. Wenn Sie sich weniger Zeit nehmen, gehen Sie ein – häufig unvertretbares – Risiko ein. Sie können dagegen problemlos Ihre Redezeit verkürzen. Damit erweisen Sie allen Beteiligten einen Dienst.

Wenn Sie zu spät mit der Vorbereitung beginnen, kommen Sie in Zeitnot, spüren häufig ein Gefühl der Panik und werden nicht überzeugend auftreten. Einen Ausweg gibt es nicht: Denn Ihre Rede abzulesen, davon ist in jedem Fall abzuraten. Dann würde Ihnen niemand mehr zuhören, auch wenn Sie glauben, noch so gut lesen zu können. Meistens versuchen Sie aus Zeitnot, alle vier Vorbereitungsphasen

1. Suche
2. Sichtung
3. Ausarbeitung
4. Einüben

in einem Rutsch zu leisten. Das geht schief. Denn sie sind wesensverschieden.

Es gibt gewisse zeitsparende Vorbereitungstechniken. Aber um die sorgfältige Vorbereitung kommen Sie nicht herum. In jedem Fall bleibt die Vorbereitung ein „Gärungsprozess“, der seine Zeit braucht. Grundsätzlich müssen Sie die vier Phasen getrennt erarbeiten. Bisher haben Sie bei der Vorbereitung mit dem Inhalt angefangen. Das kann eine leidlich gute Rede ergeben, aber keine wirkliche Kommunikation.

Stufe 1: Stoffsuche

Ihre erste Frage bei der *Suche* sollte Lauten: *Was wollen die Teilnehmer?* Die zweite: Was will ich? Und die dritte: *Wo ist der gemeinsame Nenner zwischen den Zuhörern und dem Redner?* Wenn Sie darauf keine gute Antwort finden, haben Sie bestenfalls eine Zufallschance, anzukommen. Ein Beispiel: Ein deutscher Bundestagspräsident musste abtreten, weil er bei einer Feierrede mit der Frage 2 anfing und dabei verblieb. Die Frage 1 beschäftigte ihn nicht – und er redete an seiner Zielgruppe (Bundestag und Öffentlichkeit) vorbei, die keine Belehrung wollte und eine würdigende Feierrede erwartete. Nicht mehr, nicht weniger. Fangen Sie daher immer mit den Teilnehmern an. *Dann erst* überlegen Sie, was Sie sagen wollen und wie Sie es sagen wollen. Für Frage 1 ist eine genaue Analyse der Teilnehmer notwendig. Wer sind sie? Wie setzen sie sich zusammen? Wie ist ihre Aufnahmebereitschaft? Was wissen sie? Vergleichen Sie dazu auch Kapitel 4.

Die Antworten auf diese Fragen sind wichtig, damit Sie in jeder Weise „den richtigen Ton" treffen. Vor Ärzten werden Sie das Thema „Betriebssport" anders behandeln als vor Auszubildenden. Schwaben kann man nicht mit einem Witz in Plattdeutsch erheitern – sie würden ihn möglicherweise auch gar nicht verstehen. Und zwölf- bis dreizehnjährige Schüler, die ihr Lehrer zu einer vierstündigen Besichtigung in ein Chemiewerk geschleift hat, sind weniger aufnahmewillig als eine Journalistengruppe, die darum gebeten hat, sich vor Ort einmal über die Gefahren der Fertigung informieren zu können. Mehr dazu im Kapitel 4.

Nach der Ideenfindung unter Berücksichtigung der Teilnehmerstruktur sollten Sie versuchen, alle zur Verfügung stehenden Auskunftsquellen auszuschöpfen: Bekannte, Kollegen, Fachleute, Mitarbeiter, Literatur, Archive, um nur einige zu nennen. Quellen gibt es mehr, als man zunächst glaubt. Haben Sie die ausreichende Menge Fakten gesammelt? *Alles* aufschreiben. Ohne Ausnahme. Laufend notieren. Noch nicht werten. Das kommt später. Sonst bremsen Sie sich selbst.

Stufe 2: Sichtung

Dann folgt die Sichtung. *Jetzt erst* beurteilen Sie die Güte Ihrer Informationen: Die guten ins Manuskript, die schlechten in den Papierkorb. Bei den guten Stichpunkten machen Sie eine Unterteilung nach folgender Skala:

Zeit Minuten		*Regiehin-weise*	*Überschriften – Stichworte*		Reserve, Beispiele
pro Punkt	Gesamt	Ruhe, dann Tempo	Hauptpunkt Anfang (wörtlich)	Unterpunkte	
4	4	AV: Folie 1	1	1	
8	12	AV: Dia 1	2	2	
2	14	AB (...) 1	3	3	
10	24	AV: Video 1	4	4	
2	26	AB2: (...)	5	5	
5	31	AV: Tonband 1	[ev. 6]	[[ev. 6]	
				[ ]	
2	33	AB3: (...)	[ev. 7	7]	
5	38	AV: Folie 2	8	8	
2	40	laut, langsam	Schluß (wörtlich)		

AV: Audiovisuelle Hilfsmittel, AB: Aktive Beteiligung, ev: kann eventuell ausgelassen werden
(Zeitmangel, unwichtiger Punkt)

1. Hauptpunkte, unersetzlich	Wert: 5 Punkte
2. Wichtige Unterpunkte, wertvoll	Wert: 3 Punkte
3. Weitere Punkte, noch verwendbar	Wert: 1 Punkt
4. Füllstoff, Reservematerial, weitgehend ausschalten	Wert: ¼ - ½ Punkt
5. Interessante Punkte, jedoch nicht zum Thema gehörend	Wert: 0 Punkte

Damit können Sie die Güte Ihres Gedankenmaterials bewerten. Wenn die Güte Sie nicht zufrieden stellt, sollten Sie erneut Stichpunkte suchen. Das heißt: Bei ergiebiger Stoffsammlung ist es ratsam, mit einem „A" (für Anfang), „H" (Hauptteil) und einem „S" (Schluss) den Inhalt zu kennzeichnen. Meistens haben Sie für den Hauptteil die meisten Notizen – für „A" und „S" weniger oder gar keine. Am wichtigsten aber sind nun einmal Anfang und Schluss. Deswegen ist der nächste Schritt absolut notwendig: streichen. Alles, was überflüssig ist, sollte aussortiert werden. Gnadenlos. Weniger ist häufig mehr! Haben Sie möglicherweise etwas vergessen? Ihr Ziel womöglich? Dies muss kurz, klar und einheitlich sein. Sonst überfordern Sie Sender und Empfänger. Beiden Parteien müssen Sie gerecht werden.

Stufe 3: Ausarbeitung

Erst jetzt kommt die eigentliche Ausarbeitung Ihres Stichwortmanuskriptes. Dafür gibt es eine besondere Stichworttechnik, die es Ihnen erleichtert, frei zu sprechen. Wie? Indem Sie sich von Stichwort zu Stichwort „vorarbeiten". Auf der nächsten Seite ist ein Beispiel dieser Technik abgedruckt („Überschriften – Stichworte"). Sie schreiben in den Vordruck die „Hauptpunkte", an denen Sie sich während der Rede orientieren, und die „Unterpunkte", die zur Erläuterung der Hauptpunkte gedacht sind. Unter „Regiehinweise" tragen Sie alle Anweisungen an sich selbst ein, zum Beispiel wann welche Folie, welches Dia oder welcher Filmausschnitt gezeigt werden soll, oder Ihre Maßnahmen zur Einbeziehung der Teilnehmer und Ihre visuellen Hilfsmittel. Diese sollten Sie im Voraus genau festlegen. Ganz links notieren Sie die Zeit für die einzelnen Abschnitte Ihrer Rede, rechts daneben die auflaufende Gesamtzeit. Tipp:

Anfang und Ende Ihrer Rede genau formulieren und auswendig lernen! Je drei Sätze, nicht mehr.

Diese beiden wichtigsten Teile Ihrer Rede müssen einfach „sitzen" (mehr dazu in den Kapiteln 6 und 7).

Üben Sie die Übergänge von einem Punkt zum anderen!

So können Sie frei reden. Orientieren Sie sich an den Stichworten. Die Übergänge sollten Sie trainieren.

Stufe 4: Einüben

Trainieren oder einüben ist die vierte Phase der Vorbereitung. Sie sollten Ihre Rede vorher ein-, zwei- oder dreimal einem Mitarbeiter, einer Testgruppe, Ihrer Sekretärin oder Ihrem Ehepartner vortragen. Wenn das nicht geht, dann sind Tonband- oder Videoaufnahmen zur Selbstkontrolle nützlich. Tun Sie so, als sei die Probe schon Premiere: Ganz real alles durchspielen, die Folien auflegen und erläutern. Aktive Beteiligung, ja sogar die Urkundenübergabe an den Pensionär und die Verabschiedung proben. Je öfter Sie trainieren und auch die Ratschläge Ihrer „Sparringspartner" beherzigen, desto besser werden Sie sein, wenn es darauf ankommt.

Bei der Materialsammlung können Sie sich der Hilfe anderer, wie einer Sekretärin oder eines Mitarbeiters, bedienen. Aber schon die Sichtung und Ausarbeitung müssen Sie selbst vornehmen. Die Feinabstimmung lässt sich nicht delegieren. Und das Training kann Ihnen keiner abnehmen. Die Rede ja auch nicht. Sonst lassen Sie den Vortrag lieber von jemand anderem halten. Wenn Sie schon reden, dann machen Sie es richtig. Nur Sie wissen, worauf es Ihnen ankommt.

Reden oder Redewendungen lassen sich nicht aus Fachbüchern oder „Leitfaden für Redner" abkupfern. Versuchen Sie auch nicht, perfekte Redner nachahmen zu wollen. Das geht daneben. Die Teilnehmer – und Sie selbst – merken sofort, dass Sie einen „Rede-Smoking" anlegen und ein anderer sein wollen, als Sie sind! Deswegen: Übernommene Rhetorik kommt nie an, heute weniger denn je.

Bleiben Sie Sie selbst – mit Ihrer Sprache, Ihren Ideen, Ihrer Erfahrung, Ihren Beispielen und Ihrer Persönlichkeit!

Zu einer guten Vorbereitung gehört auch die Zeitdisposition. Sie wissen: Fast alle Reden sind zu lang und kommen besser an, wenn Sie ein Drittel der Stoffmenge einfach streichen würden. Teilnehmer ermüden sehr schnell. Wenn Sie versuchen, für alle etwas zu bieten, bieten Sie möglicherweise für jeden nichts.

Die meisten Redner kommunizieren nicht, sondern halten Monologe. Sie stellen keinerlei Kontakt her, machen aus den Zuhörern keine Teilnehmer durch Aktive Beteiligung (AB) und Einbeziehung. Das ist keine Kommunikation, sondern überholte Rhetorik. Über die Dialogtechniken hierzu erfahren Sie später mehr. Wichtig: Wenn Sie einer von mehreren Rednern sind, nehmen Sie Einfluss auf die Reihenfolge. Wenn immer möglich: Reden Sie zuerst! Und beginnen Sie mit Punkt 1: dem gemeinsamen Ziel. Der letzte Redner hat es am schwersten. Vieles ist schon vor ihm gesagt worden. Ihm oder ihr wird häufig Zeit abgeknapst, weil die Vorredner mit hoher Wahrscheinlichkeit zu lange geredet haben. Die Teilnehmer sind – wenn sie überhaupt noch an ihrem Platz verharren – ermüdet, ungeduldig und unruhig. Das sind denkbar schlechte Voraussetzungen für eine erfolgreiche Kommunikation. Deswegen: Nur im Ausnahmefall, wenn Sie sich Ihres Erfolges ganz sicher sind, als letzter Redner sprechen.

Soll man nie improvisieren? Im Ernstfall nein. Sie riskieren eine Pleite. Die können Sie sich nicht leisten. Selbst wenn Sie am Tisch spontan um eine Rede gebeten werden, sollten Sie nicht gleich aufstehen. Sie brauchen Zeit zum Nachdenken, um sich Gedanken zu machen über das, was Sie sagen wollen. Verschieben Sie Ihre Rede beispielsweise auf einen späteren Zeitpunkt („Ich werde dazu gern etwas sagen, am besten nach dem Essen“, „Geben Sie mir einige Minuten Zeit zum Nachdenken“). Sie können zum Beispiel auch einen Ihrer Nachbarn bitten, etwas zu diesem Thema zu sagen (vielleicht tut er es gern). Oder Sie lehnen ganz ab. Das nächste Mal werden Sie dann vorbereitet sein und sich nicht wieder überraschen lassen.

In Zukunft machen Sie es also anders als bisher. Mit der richtigen und frühzeitigen Vorbereitung haben Sie bereits einen großen Schritt auf Ihrem Weg zum Erfolg getan. Erfolg durch Kommunikation. Das Ganze braucht weniger

Zeit, als Sie zunächst annehmen – die Zeit wird nur zweckentsprechender eingeteilt und genutzt.

Jetzt können Sie sicher die vier einleitenden Fragen und die vier Kommunikationsprobleme lösen?!

Ihre Rede ist nur die Spitze des Eisbergs. Die Vorbereitung ist nicht zu sehen – aber zu spüren. Gut und gern zwei Drittel aller missglückten Reden waren ungenügend vorbereitet.
Deswegen gilt:
Halten Sie die 4-Stufen-Planung ein.

Erfolgsrezepte aus kürzlich erlebter Praxis:

Ihr größtes Risiko liegt nicht bei besonders schwierigen Aufgaben. Da hilft Ihnen Ihr Selbsterhaltungstrieb.

Sondern bei den Reden, die Sie schon x-mal gehalten haben, oder bei einem Inhalt, den Sie aus dem Effeff kennen. Und die Sie nur ungenügend oder gar nicht vorbereiten. Und schon nach ein paar Minuten merken Sie, dass Sie „schwimmen".

Routine ersetzt keine Vorbereitung.

1. Sie werden sich nie zu sehr vorbereiten.
2. Niemals Gesamtrede in Externer niederschreiben. Sie werden sie trotz aller guten Vorsätze von A bis Z ablesen.
3. Vorbereitung braucht Zeit. Nehmen Sie sich diese. Vielleicht sollten Sie weniger häufig reden (Zeiterfassung).

2

Ihre Ausdrucksmittel beherrschen lernen

Können Sie diese vier Fragen beantworten?

1 *Kann man auch bei einer großen Gruppe Blickkontakt herstellen?*

2 *Gibt es einen Redestoff, den man nicht kürzen kann?*

3 *Was bedeutet die KUSS-Formel?*

4 *Wirkt man nicht unseriös, wenn man einen komplizierten Stoff einfach darstellt?*

Versuchen Sie, folgende vier Probleme zu lösen:

1 Roland Werner glaubt, dass er nicht frei reden kann. Er schreibt seine Rede deshalb wörtlich auf, lernt sie auswendig und versucht, sie dann „frei“ zu halten. Er wundert sich, dass er sich selbst nicht sehr wohl dabei fühlt und seine Zuhörer kaum positive Reaktionen zeigen. Und dies, obwohl der Inhalt wirklich „stimmt“. Er ist sogar abdruckreif. Er nimmt sich vor, seine Rede das nächste Mal besser auswendig zu lernen.

Was raten Sie Herrn Werner?

2 Frau Dr. Sterzel, Produktmanager in einem Elektronikunternehmen, und ihre Kollegin, Ina Mertens, beide nette, sympathische Erscheinungen, sprechen zum gleichen Thema, sagen inhaltlich dasselbe, sind beide gut vorbereitet. Und trotzdem kommen sie bei den Teilnehmern doch ganz unterschiedlich an.

Woran kann das liegen?

3 Die beiden Verkaufsleiter Melzer (fünfzehn Jahre Berufserfahrung) und Bergmann (fünf Jahre Berufserfahrung) sollen vor einem Kreis von Kunden über ihre Produkte sprechen. Kurt Melzer gibt den Teilnehmern alle Informationen und Produktdaten schriftlich vor der Rede, die er sehr sorgfältig vorbereitet hat. Fragen erbittet er am Ende. Sein Kollege Bergmann stellt während seiner nicht ganz so präzisen Präsentation laufend Fragen, nennt auch Zahlen und bittet die Teilnehmer dabei um ihre Kommentare.

Einer der beiden kommt klar besser an als sein Kollege. Wer? Und woran liegt das wohl?

4 Senatsrat Dr. Harry Fischer ist seit zwanzig Jahren im Behördendienst. Er muss seinen Vorgesetzten regelmäßig Bericht erstatten. Dabei versucht er, keinerlei sachliche oder formale Fehler zu begehen. Seine Formulierungen sind glasklar und sachlich voll abgesichert. Er wirkt höflich und korrekt. An der Berichterstattung gibt es nichts auszusetzen. Seine Vorgesetzten halten ihn für kompetent und tüchtig, aber etwas steif und wenig geeignet, öffentlich zu reden. Und bei entsprechenden Anlässen wird er einfach übergangen.

Aber wieso? Dr. Fischer hat in seiner Darstellung noch nie einen Fehler gemacht. Oder kommt es darauf gar nicht an?

Es ist nicht entscheidend, was Sie sagen …

Sie alle kennen solche Redner: Dr. Grau tritt vor seine Mitarbeiter und trägt einen „Rede-Smoking". Er spult Formalitäten herunter, spricht von „Meine lieben Kollegen. Ich freue mich heute besonders, hier zu Ihnen sprechen zu dürfen „ und „Die zur Verfügung stehende Zeit reicht leider nicht aus, um …" und „Gestatten Sie mir, bevor ich zum eigentlichen Thema komme …" und „Sicherlich wissen Sie viel mehr über die Materie als ich. Dennoch …" und „Was uns bewogen hat, dieses Thema zu behandeln, hat mehrere Ursachen, wie …" und „Wir haben uns echte Gedanken darüber gemacht, wie …" und „Auf jeden Fall werde ich bemüht sein, mich kurz zu fassen …"

Dass die Zuhörer (nicht einmal Teilnehmer) müde, uninteressiert und gelangweilt sind, geschieht ganz unabhängig von dem, *was* Dr. Grau sagt. *Wie* er es sagt, ist schlecht. Er kommuniziert nicht mit seinen Teilnehmern, sondern hält einen steifen Monolog. Kein Satz wirkt natürlich. Er stellt keinen Blickkontakt her, seine Stimme ist leise, er selbst wirkt müde, scheint uninteressiert und gelangweilt, obwohl er es gar nicht ist. Es fehlt jede Dynamik. Er „kommt nicht an", weckt keine Sympathie, weder Spannung noch Stimmung.

Gefühl ist wichtiger als Verstand.

Auch wenn Teilnehmer einer Rede das kaum zugeben werden oder sich dessen nicht bewusst sind:

Ihr Eindruck wird bis zu 80 Prozent von der Darstellung (z.B. Körpersprache, Stimme, Blickkontakte) der Rede bestimmt! Der Inhalt macht kaum mehr als 20 Prozent des Eindrucks aus!

Dr. Grau beherrscht das Instrumentarium der ihm zur Verfügung stehenden Ausdrucksmittel nicht. Er setzt seine „Waffen" nicht ein, bleibt farb- und wirkungslos. Dabei ist es so einfach, Wirkung bei den Teilnehmern zu erzielen. Sie brauchen nur ein paar Regeln zu beachten.

Ziehen Sie keinen „Rede-Smoking" an!

Floskeln sind langweilig. Sie in einer Rede einzusetzen, kommt einer Missachtung der Teilnehmer gleich. Ein Redner, der abgedroschene Sprüche benutzt, zeigt, dass er nicht normal sprechen kann oder will. Eine Rede voller Phrasen – auch Höflichkeitsfloskeln – kann keine Resonanz erzielen. Ein Redner in einem „Rede-Smoking", der mit einem „steifen Jackett" spricht und zur Begrüßung („Meine Damen und Herren, ich freue mich, Sie zu diesem einmaligen Ereignis begrüßen zu können …") und zum Schluss seiner Rede („Hiermit hoffe ich, Ihnen einigermaßen mit meinen bescheidenen Worten …") mit Gemeinplätzen aufwartet, wird seine Teilnehmer nicht ansprechen, bewegen, rühren, geschweige denn mitreißen (mehr in den Kapiteln 6 und 7 über gute Anfänge und Abschlüsse).

Nicht viel besser sind Vorstandsvorsitzende, die ihrer neugierigen Belegschaft etwas mitteilen wollen und ihren wohlformulierten, nüchternen Ergebnisbericht einleiten mit: „Das vergangene Jahr zeigte eine befriedigende Geschäftsentwicklung" und beenden mit: „Der Vorstand spricht allen Mitarbeitern seinen Dank aus und hofft auf weitere gute Zusammenarbeit." Zwischendurch nur Fakten, Zahlen und schriftdeutsche Formulierungen. Herr Dr. Grau hat noch mehr Fehler gemacht, die viele Redner begehen. Können Sie sie entdecken?

Stellen Sie Kontakt zu den Teilnehmern her!

Wenn Sie eine menschliche Beziehung herstellen, haben Sie bereits das erste Ziel der Kommunikation erreicht. Sie wirken sympathisch. Dies ist die wichtigste Voraussetzung, um das zweite Ziel zu erreichen: Menschen zu gewinnen. Und das dritte: Menschen zu überzeugen. Wie aber stellt man Kontakt her?

Versuchen Sie es das nächste Mal mit KUSS. Nein, küssen Sie nach Ihrer Rede nicht die Hand der Dame in der zweiten Reihe, sondern gewinnen Sie mit KUSS jeden einzelnen Ihrer Teilnehmer. Die vier Buchstaben erinnern Sie daran, wie Sie reden sollten: kürzer, unkomplizierter, straffer, spannender. Fast alle Reden sind *viel* zu *lang*, setzen beim Teilnehmer zu viel voraus. Lassen Sie daher einfach ein Drittel Ihres Stoffes weg – und erklären dafür aber Ihre Argumente besser! Und: Vereinfachen Sie bewusst das, was Sie sagen wollen! Könner vermitteln komplizierte Dinge einfach. Nur Stümper sagen einfache Dinge kompliziert. Eine klare Sprache erleichtert es dem Teilnehmer, besser zuzuhören. Vermeiden Sie alles, was an Fachchinesisch erinnert. Strapazieren Sie Ihre Zuhörer nicht. Also: kürzer und unkomplizierter!

Es ist so einfach:

Das „Vaterunser" besteht aus 56 Wörtern, die „Zehn Gebote" aus 297 Wörtern, die amerikanische Unabhängigkeitserklärung aus 300 Wörtern – und die Verordnung der EG-Kommission für den Import von Karamellerzeugnissen aus 26 911 Wörtern.

Wirklich wichtige Aussagen kann man in wenige Worte fassen. Und – kommen Sie schneller zum Punkt. Wer zu lange um den heißen Brei herumredet, verliert die Aufmerksamkeit seiner Teilnehmer. Außerdem: Viele Redner verlieren sich – und ihre Zuhörer – in viel zu langen Sätzen. Gerade in der deutschen Sprache (mit dem sinnbestimmenden Tätigkeitswort am Ende) ist es ganz wichtig: Verwenden Sie kurze Sätze!

Es gilt im Allgemeinen:

- Sätze mit bis zu 10 Wörtern sind leicht verständlich.
- Sätze mit bis zu 16 Wörtern sind verständlich.
- Sätze mit bis zu 22 Wörtern sind noch verständlich.
- Sätze mit mehr als 22 Wörtern sind nicht mehr verständlich.

Auch beim Reden: In der Kürze liegt die Würze! Wenn Sie in fünfzehn Minuten das ausdrücken können, wozu andere dreißig brauchen, sind Sie anderen um das Doppelte überlegen. Erzeugen Sie Neugierde. Machen Sie durch Fragen, durch die Bitte um Kommentare, ja auch durch gemeinsame Stofferarbeitung aus Zuhörern echte Teilnehmer. So wird Ihre Kommunikation spannender.

Gerade deutsche Führungskräfte – und Politiker – wollen seit jeher besonders gründlich sein. Sie versuchen, für jeden Teilnehmer etwas Interessantes in die Rede einzubauen. Keiner soll zu kurz kommen, jeder soll sich angesprochen fühlen. Doch – diese Angewohnheit hat schlimme Folgen:

Wer versucht, für ALLE etwas zu haben, hat für jeden NICHTS.

Ein Beispiel für packende Kommunikation: Früher sagte der Exporteur vor Vertretern der Handelskammer: „Es besteht die Notwendigkeit, unsere Ausfuhren nach Südostasien zu erhöhen, wobei die Frage auftritt, wieweit uns das mit unseren begrenzten Mitteln möglich ist und welche Lösungen sich im Einzelnen dafür anbieten." Heute macht er es geschickter: „Können wir unsere Ausfuhren nach Südostasien erhöhen? Das ist die Frage! Und wie machen wir das? Was meinen Sie?" Erzeugen Sie Spannung! Auch hier: straffer und spannender!

Setzen Sie während Ihrer Rede Fragezeichen (?) und Ausrufezeichen (!).

Noch etwas: Reden Sie anschaulich! Ein Beispiel oder ein einleuchtender Vergleich ist mehr wert als zehn Minuten theoretische Erklärungen. Ein Verkaufsvorstand, der den Außendienstlern veranschaulichen will, wie viele Kunden das Unternehmen im letzten Jahr verloren hat, nennt nicht einfach die Zahl 600, sondern verdeutlicht sie durch einen Vergleich: „Hier im Saal befinden sich sechzig Menschen. Stellen Sie sich vor, jeder sei ein Kunde. Und nun schauen Sie sich einmal jeden Einzelnen an!" Er lässt seinen Mitarbeitern eine Minute Zeit. Dann erst sagt er: „So, das sind sechzig Kunden. Und zehnmal mehr Kunden haben wir verloren. Das macht 10 Prozent unserer Käufer aus und sogar über 10 Prozent unseres Umsatzes. Ein Substanzverlust, den unser Firmenkörper auf die Dauer nicht verkraften kann. Also …"

Und hier ein paar einfache Hilfsmittel:

1. Beispiele

Probieren Sie es mal. Sagen Sie: „Zum Beispiel können wir Folgendes …“ Oder: „Zum Beispiel passiert … Oder: „Zum Beispiel bietet sich an …“ Sie werden merken, wie gespannt man Ihnen folgt. Denn Beispiele sind konkrete Anschauungshilfen, die das Verständnis ungemein erleichtern.

2. Episoden

Das sind entweder Geschehnisse aus der Praxis, an die man sich leicht erinnert, oder solche, die uns an die Praxis erinnern. „Sie wissen, damals, beim Brand. Wie Sie, Herr Lehmann …“ Oder: „Thema Kundendienst. Da ruft doch Kunde X. neulich um viertel vor acht bei uns an, um zu …“

3. Anekdoten

Kurzgeschichten und Witze zum Sachverhalt dienen der Auflockerung, aber eben auch, auf unterhaltende Weise anschaulich zu wirken.

Also nicht vergessen: Beispiele und Episoden – alles, was den Teilnehmern hilft, Ihnen zu folgen – einbauen! Das schafft Spannung und Verständnis.

Dazu gehören auch AV, Audiovisuelle Hilfsmittel. Alles, was man sieht, behält man siebenmal besser als das, was man hört! Die Aufnahmebereitschaft der Teilnehmer lässt viel schneller nach, als Sie glauben, besonders dann, wenn sie nur etwas zu hören bekommen und nichts zu sehen. Sie sollten Ihre Gedanken deswegen illustrieren! Setzen Sie viele visuelle Hilfsmittel ein. Die Augen der Teilnehmer müssen arbeiten. Denn:

Wenn das Auge etwas erfasst, öffnen sich auch die Ohren!

Es gibt viele einfache Möglichkeiten: Seien Sie beim Einsatz visueller Hilfsmittel mutiger und kreativer. Die optischen Effekte können im Allgemeinen gar nicht originell genug sein. Wenn Vertriebschef Müller über den schleppenden Zubehörverkauf in Südamerika spricht, hat er eine Landkarte hinter sich aufgehängt und vor sich auf dem Tisch Bananen, Kokosnüsse und Kaffee aus Südamerika platziert. Bei den Worten. „In Brasilien werden sich unsere Kunden freuen, wenn sie künftig nur noch 80 Prozent des bisherigen Preises zahlen müssen“ zeigt Vertriebschef Müller ein Bild lachender brasilianischer Jugendlicher am Strand von Copacabana. Zum Schluss seiner Rede sagt Müller: „Unsere neuen Verkaufshilfen werden bei den brasilianischen Händlern begeistert aufgenommen werden.“ Dabei hält er eine Videokassette mit 100 000 jubelnden Fußballanhängern im Stadion von Rio de Janeiro hoch. Der Stoff einer Rede kann noch so „trocken“ sein – mit visuellen und manchmal auch audiovisuellen Hilfsmitteln lässt er sich interessant vermitteln. Zu einem Vortrag über die Kaiserdynastie von China bringen Sie eine kleine chinesische Vase, ein Flöteninstrument oder eine Hand voll Reis mit. Während Ihrer Rede fragen Sie: „Wissen Sie, was ich hier in der Hand habe?“ Die Aufmerksamkeit ist Ihnen sicher. Ein Paradebeispiel für einen Aufsehen erregenden audiovisuellen Effekt war der Auftritt Chruschtschows vor der UNO. Als der sowjetische KP-Chef – scheinbar erregt – mit seinem Schuh auf das Pult schlug, um seinen Worten Nachdruck zu verleihen, glaubten viele Zuhörer, Zeuge einer ganz spontanen Reaktion zu sein. Doch sie irrten. Dieser spektakuläre Auftritt war sorgfältig geplant – wie ein Foto beweist, das Chruschtschow von hinten zeigt: Keiner seiner beiden Füße ist unbeschuht, und in der Hand hält er einen dritten, den berühmten Schuh. Das war 1960. Und noch heute erinnert man sich daran. Denken Sie auch an die Auftritte Gandhis, Kennedys, Ronald Reagens, an die des jetzigen Papstes und an die Fidel Castros. Sie alle waren und sind Meister im Visualisieren von Botschaften.

Lassen Sie sich etwas einfallen!

Audiovisuelle Hilfsmittel sollen spektakulär, müssen aber auch deutlich und verständlich sein. Also kein stupides Aneinanderreihen von Textfolien, welche dann wörtlich abgelesen werden. Und bitte keine Folieninflation – (etwas) weniger kann mehr sein. Dasselbe gilt für PowerPoint-Präsentationen. Verteilen Sie keinen Abdruck Ihrer Rede – und verwenden Sie pro Folie nicht mehr als höchstens zwanzig Wörter oder zwei Zeichnungen bzw. Symbole. Und das alles muss lesbar und sichtbar sein.

Eine weitere wichtige Hilfe ist Ihre „AHA-Wirkung“. AHA steht für **A**usdruck, **H**altung, **A**ugenkontakt.

Ausdruck:

Das ist Stimme und Sprache. Ihre Stimme ist Ihre Visitenkarte. Eine zu angenehme und wohltönende Stimme schläfert ein. Ebenso eine monotone, langweilige Stimme. Ideal ist eine starke, klare und eindringliche Stimme – eine Stimme, die Dynamik signalisiert. Tipp: Stark am Anfang eines Satzes, stark am Ende. Ton variieren. Nie die Stimme am Satzende senken. Endsilben betonen. Das Ende des Satzes ganz besonders hervorheben. Und die Sprache? Sie muss möglichst deutlich und einfach sein – eine Sprache, die jeder Teilnehmer versteht, die nichts vernebelt und nichts voraussetzt. Kurze Sätze.

Haltung:

Damit ist Ihre Körpersprache gemeint. Ihr Gesichtsausdruck und Ihre Gestik, Ihre Dynamik und Lebhaftigkeit und Ihre Einwirkung auf die Teilnehmer. Wenn Sie gebeugt hinter dem Rednerpult stehen (oder sogar sitzen), Ihre Hände verschränken, keinerlei Bewegung zeigen und einen undurchsichtigen Gesichtsausdruck haben, werden Sie kaum eine positive Wirkung auf die Teilnehmer haben. Freundliche Stimmung werden Sie dagegen erzeugen, wenn Sie direkt vor oder unter Ihre Zuhörer treten, lebhaft wirken, Ihren Worten Nachdruck verleihen, freundlich aussehen und dabei auch einmal lächeln. Das fällt vielen Unternehmern und Führungskräften schwer – als lasteten Zentner auf ihnen.

Augenkontakt:

Dieses Ausdrucksmittel ist unerlässlich. Sehen Sie die Teilnehmer an, dann wird man auch Sie ansehen! Jeder kann das. Dazu gehört natürlich Ausstrahlung, ein bisschen „Dompteurwille“. Sie sind der Herr – oder die Frau – in der Manege. Zeigen Sie das Ihren Teilnehmern. Schauen Sie sie selbstbewusst an. Dann sehen Sie auch, ob – und wie – Ihre Teilnehmer Sie ansehen. Das gibt Ihnen die notwendige Rückkoppelung und Selbstvertrauen und – verstärkt Ihre Wirkung. Auch in einer großen Gruppe können Sie diese Ausdrucksmittel einsetzen. Lassen Sie Ihren Blick von Gruppe zu Gruppe wandern! Lassen Sie ihn auf keinen Fall nur auf einer Person ruhen!

Also AHA als notwendiges Hilfsmittel einsetzen.

Beherrschen Sie diese Ausdrucksmittel? Wenn Sie nicht genau wissen, wie Sie wirken, dann testen Sie es mit der Videokamera. Oder bitten Sie ein paar Freunde, Ihnen zuzuhören, vielleicht bei einem kleinen Imbiss bei Ihnen zu Hause – und dann üben Sie es einfach einmal: Ausdruck (Stimme, Sprache), Haltung, Augenkontakt. Und fragen Sie Ihre Freunde nach Ihrer Wirkung. Auch hier gilt: Probieren geht über studieren! So reicht es auch nicht allein aus, dieses Buch zu lesen. Sie müssen Ihr Wissen auch anwenden. Und das geht nur durch üben, üben, üben …

Sympathie:

Ein weltbekannter deutscher Unternehmer hielt einen Fachvortrag vor mehreren hundert französischen Kollegen. Das warme, freundliche Echo auf seine wohlfundierten Ausführungen freute ihn, denn er hatte sich große Mühe mit dem Inhalt und der französischen Sprache gegeben. Auf seine Frage, was die Teilnehmer denn besonders beeindruckt hätte, erhielt er eine überraschende Antwort: sein Lächeln, sein Charme, seine Eleganz, sein Witz – nicht sein Inhalt. Versuchen Sie es auch einmal damit!

Sicher können Sie jetzt die vier einleitenden Fragen beantworten und die vier Ausdrucksprobleme lösen!

Erleichtern Sie sich Ihre Kommunikationsaufgabe!
Verständigung erzielt man durch einfache, anschauliche Ausdrucksweise.
Der Könner stellt auch komplizierte Zusammenhänge einfach dar.
KISS, Visuelle Hilfsmittel und AHA laufend einsetzen.
Freundlich und dadurch sympathisch wirken.

Erfolgsrezepte aus kürzlich erlebter Praxis:

1. Ein Viertel Ihrer Ausführungen ersatzlos streichen.
2. Freunde und größeren Gruppen verleiten zu pompöser Steifheit. Wenn Sie das merken, bewusst lockerer und freundlicher sprechen.
3. Keine Rede halten – mit den Teilnehmern sprechen.

3

Die zwei Schlüsseleigenschaften Empathie und Projektion einsetzen

Können Sie diese vier Fragen beantworten?

1 *Kann man Einfühlungsvermögen und Ausstrahlung erlernen? Kann die eine Eigenschaft die andere ersetzen?*

2 *Was bedeutet die 5:1-Regel?*

3 *Müssen sich die Teilnehmer nicht auch auf den Redner einstellen? Oder muss sich ausschließlich der Redner auf die Teilnehmer einstellen?*

4 *Warum sind hochrangige Führungskräfte oft schlechtere Redner als ihre Mitarbeiter?*

Können Sie diese vier Probleme lösen?

1 Eine bedeutende internationale Hotelkette sucht für ihre direkt dem Vorstand unterstellte Abteilung Öffentlichkeitsarbeit eine neue Leiterin. Für den Posten kommen zwei Frauen in die engere Wahl. Die beiden Bewerberinnen haben ähnliche Qualitäten. Nur in einem Punkt unterscheiden sie sich deutlich.

Eine der beiden erkundigt sich im Vorstellungsgespräch beim Personalvorstand eingehend nach den Problemen, die es im Unternehmen, aber besonders in der Abteilung Öffentlichkeitsarbeit gibt, fragt nach, wann es in der Vergangenheit Engpässe gab, will wissen, wie sich die Kollegen untereinander verstehen. So vermittelt sie dem Personaldirektor vor allem eines: Sie nimmt Anteil am inneren Zustand des Hauses.

Die zweite Bewerberin versucht gezielt, den Personalchef vor allem von ihren Qualitäten zu überzeugen. Sie erzählt viel von ihren bisherigen Tätigkeiten und stellt ihre bedeutende Erfahrung heraus. Beide Damen werden nach dem Gespräch gebeten, dem Gesamtvorstand in einem Kurzreferat ihre Kandidatur zu rechtfertigen.

Welche der beiden schneidet Ihrer Meinung nach dabei besser ab?

2 „Ich will im kommenden Jahr 20 Prozent mehr Umsatz aufweisen. Das würde den Vorstand mit Sicherheit beeindrucken. Die schauen mit Argusaugen auf mich." Mit diesen Worten versucht Verkaufsdirektor Feldmann, seine Mitarbeiter zu motivieren. Und weiter: „Sie müssen doch daran interessiert sein, die Damen und Herren auf uns aufmerksam zu machen. Also: In den nächsten Monaten mal Überstunden machen und nicht soviel über Belastung und Überarbeitung erzählen. Und das Wort ›Stress‹ vergessen wir mal. Ich zähle auf Sie! Auf jeden von Ihnen!" Feldmann versucht, die ihm unterstellten Mitarbeiter zu überzeugen, sich im kommenden Jahr stärker zu engagieren.

So kann es keinen Erfolg haben. Warum wohl nicht? Was hat er falsch gemacht?

3 Irene Rüdiger, Chefin der Produktion bei einer Fernsehanstalt, wird vom Intendanten beauftragt, bei ihren Kollegen in der Produktion für die neu geplanten, ungünstigeren Arbeitszeiten zu werben. Frau Rüdiger nimmt sich vor, sowohl Verständnis für die zu erwartende Verärgerung seiner Mitarbeiter zu zeigen, als auch positiv auf sie einzuwirken. Voller Elan beginnt sie ihre Ausführungen: „Wir müssen rationeller werden und gemeinsam Kosten sparen. Wir können ja alle etwas mehr leisten. Lasst uns die Vorschläge unseres Intendanten umsetzen. Sie haben ja etwas Gutes. Es gibt nämlich mehr Geld."
Nach diesen markigen Sätzen besinnt sich Frau Rüdiger auf die Notwendigkeit, auch Einfühlung zu zeigen, und sagt zum Abschluss: „Ich weiß, die neuen Arbeitszeiten werden vielen von euch gewisse Erschwernisse bringen. Die Freizeit wird kürzer, und auch einige der geliebten Hobbys müssen vielleicht etwas eingeschränkt werden. Auch mir gefallen die geplanten Arbeitszeiten nicht. Aber es geht nun mal nicht anders." Deprimiert verlassen die Kollegen nach der Ansprache von Frau Rüdiger den Raum.

War das nicht der richtige Weg, sowohl Empathie als auch Projektion zu zeigen?

4 Holger Frühauf, Vorstandsvorsitzender eines weltweit bekannten Unternehmens der Grundstoffindustrie, wird von seinem Stab inständig gebeten, bei der jährlichen Führungskräftetagung (etwa 150 Personen) zu den zum Teil berechtigten Gerüchten einer erwarteten rückläufigen Geschäftsentwicklung auf mehreren Sektoren Stellung zu nehmen und auch Vermutungen über den Zusammenschluss mit oder gar der Übernahme durch einen ausländischen Konzern entgegenzutreten. Gut vorbereitet geht er den sachlichen Ursachen der Entwicklung auf den Grund, dementiert kategorisch und kritisch alle Gerüchte und gibt sich für die Zukunft zuversichtlich. Als starke, elitäre Führungspersönlichkeit beeindruckt er seine Zuhörer auch dieses Mal. Zum Schluss appelliert er an alle Anwesenden, über die Pflicht hinaus Leistungen zu erbringen, mit gekürzten Budgets auszukommen, den berechtigten Wünschen der Kapitalanleger nach erhöhter Rendite nachzukommen und der Geschäftsleitung Verständnis und Unterstützung entgegenzubringen. Im Übrigen verweist er auf den Geschäftsbericht und den entsprechenden Kommentar. Im Schlusssatz dankt er für die geleistete Arbeit aller und für die Aufmerksamkeit beim Zuhören.
Er ist einigermaßen über das eher gedämpfte und kühle Echo überrascht und drückt seinen nächsten Kollegen seine Enttäuschung über die wenig engagierte Einstellung der Anwesenden aus.

Verstehen Sie seine Enttäuschung? Konnte er etwas anderes erwarten? Hätten Sie etwas anders gemacht?

Ihr Kommunikationsfähigkeits-Diagramm

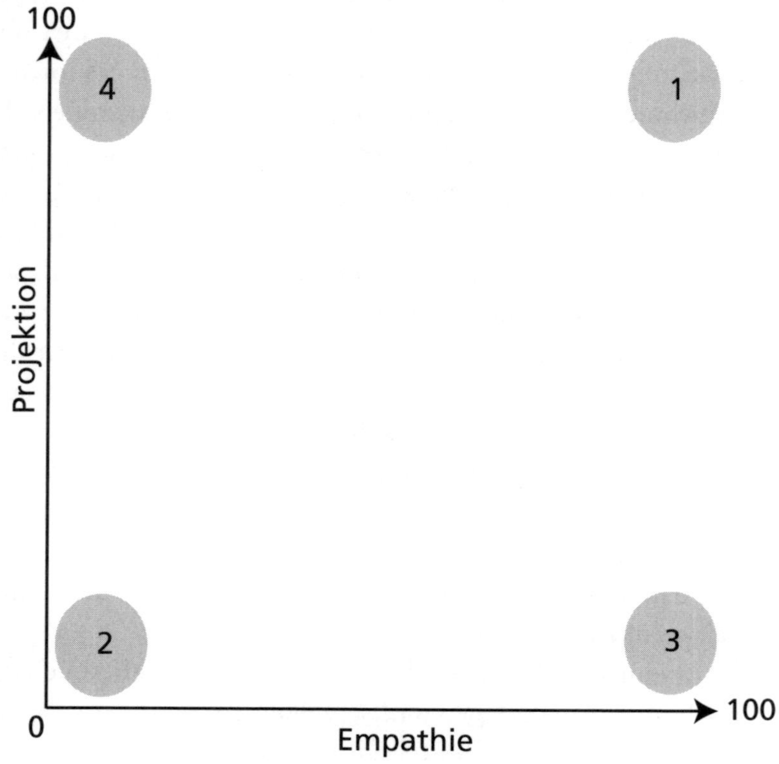

1 = Viel in Empathie, viel Projektion - ideal;
2 = minimale Empathie, minimale Projektionen;
3 = viel Einfühlung, wenig Ausstrahlung (= viel Verständnis für andere, wenig Einwirkung auf andere);
4 = viel Ausstrahlung, wenig Einfühlung (= starke Einwirkung, aber wenig Verständnis für andere)

Analysieren Sie jetzt Ihre Kommunikationsfähigkeiten für die vier zitierten Positionen, je nach Güte, Vor- und Nachteilen.

Kommunikation = Empathie + Projektion

Kommunikation bedeutet, Verständigung und Einverständnis zu erzielen. Das heißt auch, Menschen verstehen, sie gewinnen und auf sie einwirken. Um dieses Ziel zu erreichen, müssen Sie zwei Eigenschaften beherrschen: Empathie und Projektion.

Malen Sie einmal auf einen Zettel ein Koordinatensystem! Die waagerechte Achse (0–100) drückt die Empathie (Einfühlung) aus – nach rechts zunehmend. Auf der senkrechten Achse (0–100) wird die Projektion (Ausstrahlung) eingetragen – von unten nach oben zunehmend. Machen Sie ein Kreuz dort, wo Sie Ihre eigene Fähigkeit, mit Empathie und Projektion umzugehen, ansiedeln. Wenn Sie Ihr Einfühlungsvermögen und Ihre Überzeugungskraft für perfekt halten, zeichnen Sie Ihr Kreuz also oben rechts ins Koordinatensystem. Machen Sie sich aber selbst nichts vor!

Ihr Kommunikationsfähigkeits-Diagramm (Abb. S. 54)

1	=	Viel Empathie, viel Projektion – ideal;
2	=	minimale Empathie, minimale Projektion;
3	=	viel Einfühlung, wenig Ausstrahlung (= viel Verständnis für andere, wenig Einwirkung auf andere);
4	=	viel Ausstrahlung, wenig Einfühlung (= aber starke Einwirkung, wenig Verständnis für andere,).

Analysieren Sie jetzt Ihre Kommunikationsfähigkeit für die vier zitierten Positionen, je nach Güte, Vor- und Nachteilen.

Kaum ein Mensch beherrscht perfekt die beiden Haupteigenschaften der Kommunikation – Empathie und Projektion (Einfühlung und Ausstrahlung). Sie sind auch keine naturgegebene Kombination, denn jedem Menschen ist etwas anderes in die Wiege gelegt worden. Der eine kann sich gut in die Situation eines anderen Menschen versetzen, fühlt wirklich mit und findet fast immer die richtigen Worte – tröstend, aufmunternd oder motivierend. Der andere wirkt auf seine Mitmenschen von Natur aus überzeugend, kann sie aufrütteln, begeistern und zu Fürsprechern seiner eigenen Sache machen. Aber keine Angst: Sowohl Empathie wie Projektion lassen sich entwickeln. Und das ist gut so, denn bei der Kommunikation brauchen Sie sowohl Empathie als auch Projektion. Wie Sie als guter Kommunikator Empathie und Projektion einsetzen können, lesen Sie in der Folge …

Stellen Sie sich folgende Situation vor:

Sie sind Firmenchef und haben festgestellt, dass die Umsätze Ihrer Außendienstler im letzten Quartal unbefriedigend waren. Sie zitieren die zwölf Damen und Herren zu einem Gespräch: „Sie haben es schwer, meine Damen und Herren. Ich weiß das. Viele unserer Kunden werden von Monat zu Monat anspruchsvoller. Sie, die Vertreter unseres Hauses, müssen oft ausbaden, was wir hier in der Planung oder in der Produktion falsch gemacht haben." Mit diesen Worten haben Sie zunächst Empathie bewiesen, also Verständnis für die Situation Ihrer Mitarbeiter gezeigt. Nun können Sie Ihre Projektion anbringen: „Aber, meine Damen und Herren, Sie, wir alle müssen auch mehr Engagement zeigen. Einen Kundenbesuch mehr pro Tag schaffen Sie ohne weiteres. Das erhöht erwiesenermaßen Ihre Umsatzchancen um …" In fast allen Fällen empfiehlt es sich, zunächst Einfühlung und dann Ausstrahlung zu zeigen. Mit dem Einfühlungsvermögen gewinnen Sie zunächst Ihre Kommunikationspartner, machen sie empfänglich für Ihre dann folgende Einwirkung.

Zur Empathie gehört es, jedem Zuhörer das Gefühl zu geben, dass es bei dem Gesagten um ihn oder sie persönlich geht. Das lässt sich nicht erreichen, wenn der Redner ständig das Wort „ich" benutzt. Der Zuhörer wird spüren, dass „der da oben" nur von sich selbst redet, mit egozentrischen Argumenten, Gefühlen und Vorteilen. „Warum tut er so, als rede er zu mir?" wird der Angesprochene sich mit Recht fragen. „Er redet doch nur zu sich selbst." Die störende Ichbezogenheit ist einer der Hauptfehler vieler Redner. Zählen Sie einmal die Anzahl der „Ichs" bei einem Vortrag – und wenn Sie Mut haben, auch bei Ihren eigenen Ausführungen. Keiner interessiert sich für „ich", für „mir", für „mein", für „mich". Jeder interessiert sich nur für sich. Für den Redner, der eine echte Kommunikation will, bedeutet das: „Sie" und „Ihr" oder „wir" und „uns" benutzen. Das sind Worte, um andere zu gewinnen und zu überzeugen. Denn, wenn ein Redner „Sie" oder „Ihr" benutzt? Fühlen Sie sich als Teilnehmer direkt angesprochen. Und haben Sie häufig das Gefühl: Der versteht mich! Und damit sind Sie ansprechbar. Jeder hat das schon einmal am eigenen Leibe erfahren. Das sollten Sie sich vor jeder Rede vor Augen halten, also schon bevor Sie zu sprechen beginnen. „Sie" orientiert zu reden ist keine Kunst, sondern eine Einstellungs- und eine Übungssache. Zur Einstellung gehört ein echtes Interesse für die, die Sie ansprechen. Wenn Sie das haben, hilft Ihnen als Stütze die goldene Regel:

SIE : ICH = 5:1

Benutzen Sie also fünfmal häufiger das „Sie" als das „ich"! So kommen Sie bei den Teilnehmern wirklich an. Gute Kommunikatoren verwenden das „ich" so gut wie nie. Dasselbe gilt für das falsche „wir": Der Redner sagt „wir", meint aber „ich". Wie etwa der Unternehmer, der da sagt: „Wir wollen mehr Ertrag erwirtschaften." Wenn Ihnen ein „ich" herausrutscht, sollten Sie fünfmal „Sie" (oder ‚ihr" als Mehrzahl der „Du"-Ansprache) verwenden. Das mindert die Ichbezogenheit. Und verstärkt Ihre Wirkung. Ichbezogenheit gewinnt niemanden, „Sie"- oder „Du"-Bezogenheit dagegen schon.

Und noch etwas: Schalten Sie auf jeden Fall alle Füllwörter oder „Abschwächer" aus, Ausdrücke wie „ich meine", „ich denke", „ich empfinde", „ich möchte", „ich glaube". Sie schwächen nur Ihre Aussage ab.

Je höher ein Redner in der Hierarchie eines Unternehmens angesiedelt ist, desto schwerer fällt es ihm, das 5:1-Verhältnis zu berücksichtigen. Mittleren Führungskräften fällt es leichter als Vorständen, die oft eher daran gewöhnt sind, dass andere ihnen Empathie entgegenbringen. „Ich erwarte von meinen Mitarbeitern, dass sie ...", „Ich hoffe, dass Sie, Frau Meier, und Sie, Herr Puchta ...", „Ich möchte unseren Kunden zeigen, dass ...", „Ich stelle mir vor, dass ..." Wenn Sie das Anti-„Ich" trainieren, dann werden Sie sogar allergisch gegen das Wort. Es fällt Ihnen sofort auf, wenn Ihnen ein „ich" herausrutscht. Stellen Sie die Egozentrik ab. Noch einmal: Wenden Sie für jedes „ich" fünfmal „Sie" an, damit Ihr „Empathiekonto" wieder ausgeglichen ist.

Unternehmer, auch Spitzenkräfte, tun sich häufig schwer, nicht nur mit der Darstellungsempathie, sondern auch mit der Inhaltsempathie. Besonders wenn es um Unternehmensbelange geht, gehen sie von einer absoluten Identität der Interessen und Motivationen ihrer Mitarbeiter aus. Die Gleichung, was für das Unternehmen gut ist, ist auch für jeden Einzelnen gut, und die Überlegung, wenn die Betreffenden das nicht einsehen, sind sie dumm oder unloyal, stimmt eben weniger denn je. Viele Reden über Unternehmensbelange bleiben deshalb wirkungslos. Gehen Sie davon aus, dass jeder auf seine Belange angesprochene Mitarbeiter motivierbar ist. Aber man muss es richtig machen. Das heißt, ihn (sie) in erster Linie auf seinen (ihren) Arbeitgeber Nr. 1 ansprechen – und der heißt AG IchSelbst.

Wollen Sie noch mehr über inhaltliche Empathie erfahren? Dann sollten Sie besonders das nächste Kapitel aufmerksam lesen.

AIDA 2 und Persönlichkeit koppeln

Nun noch einige konkrete Hinweise für die Entwicklung Ihrer *Projektion* oder *Ausstrahlung*: Ausdruckswille, Intensität, Dynamik, Augenkontakt – oder AIDA 2 (hat nichts mit der Verkaufsformel zu tun) – sind Ihre Ausstrahlungsmittel. *Ausdruckswille* wird durch Ihre Stimme und Sprache vermittelt. Eine kräftige Stimme, klare Aussprache, deutliche Betonung, einfache Sprache, kurze Sätze sind typische Merkmale. Sprach- und Stimmunterricht brauchen Sie nicht, es sei denn, Sie hätten deutliche Defekte oder wollen Berufsredner werden. Tonband- oder Videokontrolle helfen Ihnen zur Selbstentwicklung. *Intensität* ist ein weiteres Ihrer Ausstrahlungsmittel. Es geht hier vor allen Dingen darum, den Eindruck Ihrer Eigenüberzeugung zu übermitteln. Missreißen kann man nicht, wenn man nicht selbst von seinem Anliegen oder seiner Mission begeistert ist. „In dir muss es brennen!“, wie der heilige Augustinus es ausdrückte. *Dynamik* ist Lebhaftigkeit, Körpersprache, Gestik, Bewegung, Energie. Weder sitzend noch versteckt hinter einem Pult können Sie auf Teilnehmer einwirken. Je näher, desto besser. Wenn es geht, „von Angesicht zu Angesicht“. Keine Gesten lernen, aber natürliche Körperbewegungen verstärken, nicht bremsen. Und der *Augenkontakt*? Alle Teilnehmer ansehen, Ihren Blick schweifen lassen, die Augen anderer auf sich ziehen.

Trotz AIDA fehlt noch etwas. Das ist Ihre Persönlichkeit, Ihre Dominanz, Ihre innere Stärke, Ihr Überzeugungswille. Ihre suggestive Einwirkung, Ihre starke Beziehung zu Ihrem Anliegen, Ihre Bereitschaft zu kommunizieren. Wenn diese Merkmale Ihrer Persönlichkeitsstruktur entsprechen – umso besser! Sonst entwickeln Sie sie durch Training, Übung, Erfahrung. Die Beachtung der AIDA-Hinweise bringen Sie auf jeden Fall weiter (sowie weitere Hinweise in den kommenden Kapiteln).

Noch ein letztes Wort zu Ihren Kommunikationseigenschaften: Imitieren Sie nie jemanden. Sie müssen echt, überzeugend und Sie selbst sein. „Natürlich“? Ja. Aber nicht farblos. Und sich nicht damit zufrieden geben, wie Sie sind. Jeder kann Empathie und Projektion weiterentwickeln. Sie auch!

Können Sie jetzt die vier einleitenden Fragen und die vier Probleme vom Kapitelanfang lösen?

Bemühen Sie sich sowohl um Empathie auch um Projektion. Es sind die beiden wichtigsten Eigenschaften eines erfolgreichen Kommunikators. Und denken Sie immer an die 5:1-Regel!

Erfolgsrezepte aus kürzlich erlebter Praxis:

1. Monologe vermeiden. Ein guter Trainer erwirkt bei seinen Teilnehmern die Überzeugung, dass man eine ganze Rede nur aus Fragen bestreiten kann.
2. Man muss allergisch gegen das egozentrische „Ich“ werden. Sie werden in diesem ganzen Buch kaum ein „Ich“ finden. Das können Sie bei Ihren Auftritten und Ansprachen auch verwenden.
3. Positionieren Sie sich auf „Spuckweite plus 10 cm“ zu Ihren Teilnehmern. Reagieren Sie gegen Distanzpodien!

4

EMMA beachten – Erwartungen, Meinungen, Motivationen und Anwesenheitsmotive der Teilnehmer

Können Sie diese vier Fragen beantworten?

1 *Was bedeutet EMMA für Ihre Praxis?*

2 *Ist der Grund, warum die Teilnehmer gekommen sind, nicht ziemlich egal? Hauptsache, der Inhalt der Ansprache ist sachlich in Ordnung?*

3 *Warum muss man auch bei einer Informationsrede erst genau analysieren, was die Teilnehmer hören wollen?*

4 *Muss man auch auf das Rahmenprogramm, den Zeitpunkt und mögliche Störfaktoren Einfluss nehmen?*

Können Sie diese vier Probleme lösen?

1

Joachim Primke, Inhaber eines Walzwerkes, macht einen Fehler, den fast jeder Chef macht. Erkennen Sie ihn? Auf der ersten Sitzung im neuen Jahr, zu der alle Mitarbeiter und die Vertreter gekommen sind, sagt er: „Wir haben ein echtes Problem. Unsere Gewinnspanne ist gesunken und in die Gefahrenzone gekommen. Wir müssen unsere Erträge wieder steigern. Wir haben im Vorjahr drei wichtige Kunden mit einem Umsatzanteil von 10 Prozent verloren. Unsere Umsatzstruktur hat sich verschlechtert. Ein Übermaß an Kleinaufträgen. Aber ich weiß, Sie werden das wieder in den Griff kriegen. Wir wollen ja alle dasselbe erreichen."

Was denken wohl die Mitarbeiter bei diesen Worten, mit denen ihr Chef sie auf das Jahresziel einschwören wollte? Werden sie sich voller Begeisterung für dieses Ziel einsetzen? Und wissen sie, wie?

2 Sandra Metelmann ist begeistert. Die Entwicklungsabteilung ihres Optikunternehmens hat ein bahnbrechendes neues Produkt entworfen. Frau Metelmann möchte es nun den übrigen Mitarbeitern vorstellen. Sie ist sicher, dass alle über die bevorstehende Markteinführung des Produktes so begeistert sein werden wie sie selbst. Aber Frau Metelmann irrt sich. Die ablehnende Haltung ihrer Mitarbeiter liegt daran, dass beispielsweise einige ihrer Kollegen nicht an den Erfolg des neuen Produktes glauben; dass die Marketingabteilung sauer ist, da sie zu spät eingeschaltet wurde, und andere Mitarbeiter in der Produktion und Verwaltung Mehrarbeit befürchten.

Welche zwei Hauptpunkte hat Frau Metelmann übersehen?

3 Eine Schulklasse besichtigt ein bedeutendes Softwareunternehmen. Es war die Idee des Mathematiklehrers, der seinen Schülern einen Eindruck von der Datenverarbeitung geben will. Er hat den Besuch organisiert, ohne zu fragen, ob die Schüler Lust dazu hätten. Der Unternehmensleiter hält einen längeren Vortrag über die Aufgaben einer Softwarefirma. Er ärgert sich darüber, dass nach zehn Minuten die ersten Schüler unruhig und unaufmerksam werden und anscheinend Witze machen. Nach weiteren zehn Minuten unterbricht der Lehrer den befreundeten Unternehmer, weil er merkt, dass seine Jungen und Mädchen dem Vortrag überhaupt nicht mehr folgen, und schlägt einen Rundgang vor. Das weckt Interesse, und der Besuch endet einigermaßen versöhnlich.

Was hätten Lehrer und Unternehmenschef bedenken müssen?

4 Für Montagmorgen um 7.00 Uhr hat Georg Fischer eine Arbeitssitzung angesetzt. Er möchte mittags in Urlaub fahren und bis dahin alle Anweisungen für die kommenden vierzehn Tage gegeben haben. Viele der zur Sitzung zitierten Mitarbeiter haben einen weiten Weg zur Arbeitsstätte und mussten deshalb zwei Stunden früher, um 5.00 Uhr, aufstehen. Schon sein Anfangssatz: „Vielen Dank für Ihr pünktliches Erscheinen, das uns allen zugute kommt", erweckt offene Befremdung. Jeder weiß, dass Fabrikant Fischer seinen Urlaub benötigt und verdient. Aber eine positive Stimmung kommt auch später nicht auf.

Kann man die Folgen, wenn Mitarbeiter gegen ihren Willen zur Teilnahme an einer Sitzung gezwungen werden, durch eine gute Präsentation überwinden?

Kennen Sie EMMA? Nein, nicht Ihre Tante mit gleichem Vornamen, nicht die Kneipe um die Ecke, auch nicht die Lokomotive „Emma“ aus dem Märchen „Jim Knopf und Lucas der Lokomotivführer“. EMMA ist eine wichtige Dame aus der Welt der Kommunikation. Sie müssen sie kennen (und respektieren) – wenn Sie richtig und erfolgreich kommunizieren wollen. Die vier Buchstaben stehen für **E**rwartungen, **M**einungen, **M**otivationen und **A**nwesenheitsmotiv der Teilnehmer. Beantworten Sie jedoch zunächst einmal folgende Fragen vor Ihrer Kommunikation – es sind die vier entscheidenden Punkte der Teilnehmereinstellung:

1. Mit welchen <u>Erwartungen</u> kommen die Teilnehmer? Positive? Negative? Neutral? Keinerlei? Was erwarten sie von Ihnen? Vom Anlass? Können (wollen) Sie diese Erwartungen erfüllen? Wie interessiert sind sie?
2. Welche <u>Meinungen</u> haben die Teilnehmer zu Ihrem Thema oder Ihrem Standpunkt? Was denken die Teilnehmer über die ganze Sache? Was wissen sie davon? Gehen die Meinungen auseinander? Wie aufnahmefähig sind sie?
3. Welche <u>Motivationen</u> können Sie ansprechen? Was wollen die Teilnehmer? Was sind ihre Ziele? Welche ihrer Lebens- oder Arbeitsmotive können Sie ansprechen? Wie können Sie diese mit Ihrem Ziel verbinden? Hierzu vergleichen Sie bitte auch den letzten Absatz dieses Kapitels.
4. Was ist der Anlass der <u>Anwesenheit</u>? Kommen sie freiwillig? Gern? Wegen Ihres Vortrags? Oder aus anderen Gründen? Ist das Motiv ihrer Anwesenheit für Ihr Kommunikationsziel förderlich? In welcher Stimmung sind sie?

Können Sie diese Fragen beantworten? Wenn nicht, machen Sie sich die Mühe, die Antworten zu finden. Nur so können Sie Ihren Vortrag entsprechend dem „Profil“ der Teilnehmer maßschneidern. Und maßgeschneiderte Kommunikation ist absolute Voraussetzung für jede erfolgreiche Kommunikation.

Also: Ohne EMMA keine Kommunikation!

Wenn Sie all diese Informationen nicht haben – wie können Sie sie sich beschaffen? Sie können natürlich einwenden: Diese Ermittlungen machen viel Mühe. Das mag stimmen, aber

1. Sie können einen Großteil davon delegieren;
2. Die Korrektur einer missglückten Kommunikation kostet Sie weit mehr Mühe, und
3. Der zeitliche Aufwand ist geringer, als Sie glauben.

Lesen Sie dazu die Geschichte von Monsieur Vidal, eines französischen Unternehmers, Teilnehmer an einem unserer Kommunikationsseminare: „Ich muss nächsten Montag einen technischen Vortrag in Barcelona halten. Ich kann praktisch keine Ihrer Fragen beantworten. Mehr noch: Ich weiß nicht, ob alle Teilnehmer Französisch verstehen. Ich nehme an, dass gedolmetscht wird, aber wie – simultan oder konsekutiv –, weiß ich auch nicht. Heute ist Donnerstagmorgen. Dieses Seminar hier endet Samstag. Was soll ich tun?" Freundlich-ironische Antworten seiner Kollegen: „Da hilft nur noch beten", „Augen zu und Gas geben", „Teilnehmer zum Flamenco-Souper einladen" erzeugen Lustigkeit, aber keine Lösung. Nach der Mittagspause meldet sich ein erleichterter François Vidal: „Meine Sekretärin sagte mir gerade, dies sei das beste Seminar, das ich ihrer Meinung nach je mitgemacht hätte. Vielen Dank für Ihren Auftrag, sofort nach Barcelona zu fliegen. Dort war ich nämlich noch nie."

Und so geschah es. Die Sekretärin klärte an Ort und Stelle alle Punkte, und Vidal meldete am Dienstag per Fernschreiben, dass diese Klärung den Unterschied zwischen völligem Fiasko und einwandfreiem Erfolg ausgemacht hätte.

Wie verbinden Sie nun EMMA mit Ihrem Ziel? Aus der Erfahrung mehrerer Jahrzehnte und unzähliger Reden sei es erlaubt, Ihnen folgenden einfachen Tipp zu geben: Schreiben Sie Ihr Ziel auf eine kleine, möglichst eine englische Visitenkarte! Warum gerade eine englische Karte? Weil Sie auf der kleinen Karte höchstens ein Ziel unterbringen können, einen Satz oder zwei bis drei Begriffe. Mehr Platz ist da nicht. Wenn Sie mit Ihrer Rede oder durch eine Diskussion eine Vielfalt von Zielen erreichen wollen, werden Sie wahrscheinlich keines erreichen. Also: Ganz kurz das Ziel notieren! Das gilt vor allem bei Informationsreden. Etwa so: „Wir brauchen neue Maschinen!" Oder: „Exportanteil um x Prozente erhöhen!" Oder: „Budgetstreichungen erklären." Dieses Ziel verbinden Sie nun mit EMMA, mit der Teilnehmereinstellung, also den Erwartungen, den Meinungen, den Motivationen und dem Anlass, warum die Teilnehmer anwesend sind. Dann haben Sie den Aufhänger, den sie brauchen – das gemeinsame Ziel. Und Sie fangen bitte mit den Teilnehmern an, zum Beispiel: „Sie wollen doch …“, „Ihnen liegt doch daran …“, „Wir alle haben …“, „Wir wollen gemeinsam …“ Sollten Sie den EMMA-Aufhänger nicht finden, bleibt Ihre Rede eine sterile Einweginformationsaussage. Die meisten Redner denken nur daran, wie sie ihre Botschaft „rüberbringen“. Sie stellen sich vor, ihr Ziel zu erreichen, indem sie die Zuhörer mit Argumenten bombardieren, die die eigene Absicht untermauern. Das geht schief. Nur umgekehrt wird echte Kommunikation daraus: Was wollen die anderen – die Teilnehmer? Wenn Sie von den Erwartungen, den Meinungen, den Motivationen und dem Anwesenheitsmotiv der Teilnehmer ausgehen, können Sie auch Ihre eigene Botschaft vermitteln. Zuerst die Frage: Was wollen die Teilnehmer? Dann: Gibt es einen gemeinsamen Nenner? Wenn es den nicht gibt, bleibt nur die erwähnte Einweginformation – Belehrung, massiver Druck, gar Manipulation. Keine Kommunikation.

Nochmals: Suchen Sie den gemeinsamen Nenner!

Warum sollte Ihre Sekretärin noch mehr arbeiten? Um den Marktanteil des Konzerns zu halten? Nein. Was könnte eine Gruppe Sachbearbeiter veranlassen, auf eine Lohnerhöhung zu verzichten? Damit der Umsatz des Unternehmens wieder steigt? Nein. Warum sollten Abteilungsleiter ihren Abteilungsegoismus ablegen und sich für eine bessere Koordination interessieren? Um die Unternehmenssynergie zu fördern? Nein. Wenn Sie als Redner aber diese Ziele – Mehrarbeit, Lohnverzicht, Kooperation – anstreben, müssen Sie die Motivation Ihrer Zielgruppe erkennen und sie mit den richtigen Argumenten oder Motiven ansprechen. Der gemeinsame Nenner könnte sein: Das Überleben der Firma sichern, also der Erhalt der Arbeitsplätze. Oder: In zwei Jahren doppelt soviel wie heute zu verdienen. Oder: Weniger Aktivität, weniger Verschleiß, mehr Produktivität, mehr Erfolg. So werden Sie auch Ihre Mitarbeiter für Ihre Ziele gewinnen können.

Die vier Fragen und die vier Fallbeispiele dürften jetzt kein Problem mehr für Sie sein, oder?!

Kommunikation ist umgedrehte Rhetorik. Rüberbringen, plausibel machen, klipp und klar formulieren, richtig argumentieren? Nichts dergleichen! Nicht das, was Sie als Redner wollen, ist für die Kommunikation entscheidend, sondern das, was die Teilnehmer wollen! Ihre Erwartungen, ihre Motivationen, Mentalität und ihre Anwesenheitsmotive. Kommunikation wird vom Empfänger bestimmt. Sie müssen also EMMA genau kennen, wenn Sie wirklich kommunizieren wollen!

Erfolgsrezepte aus kürzlich erlebter Praxis:

1. Misserfolge entstehen in erster Linie durch mangelnde Vorbereitung und
2. unklare Erkenntnisse der „EMMA“-Analyse.
3. Keine Standardreden. Es gibt kein Standardpublikum.

5

Aus Zuhörern Teilnehmer machen – Aktive Beteiligung erwirken

Können Sie diese vier Fragen beantworten?

1 *Was verstehen Sie unter Zwei-Weg-Kommunikation?*

2 *Worin besteht der Unterschied zwischen Zuhörern und Teilnehmern?*

3 *Haben Sie nicht schon eine Aktive Beteiligung erzielt, wenn Ihre Zuhörer mit dem Kopf nicken?*

4 *Hilft eine Aktive Beteiligung gegen Lampenfieber, oder fördert sie sogar Lampenfieber?*

Können Sie diese vier Probleme lösen?

1

Dr. rer. pol. Träge beschreibt in seiner Rede vor der Industrie- und Handelskammer nach dem Essen die Außenhandelsbeziehungen zwischen der Bundesrepublik und China. Er setzt vor allem wirtschaftliche Akzente. Dr. Träge spricht stilistisch gut und trägt seine Rede flüssig vor. Trotzdem lässt sein Vortrag die Zuhörer merkwürdig kalt. Sie werden auch nicht direkt angesprochen. Dauer der Rede etwa eine Stunde, keine Unterbrechungen, dann Aufforderungen zu Fragen. Es kommen wenige. Höflicher Schlussapplaus. Der Vorsitzende dankt für die „interessanten Ausführungen" und hofft, dass jeder „etwas mitnehmen konnte".

Warum war der Erfolg mäßig?

2 Der Werftarbeiter Marcello Barbarino hat nie eine Schulung über Redetechnik, kein Training über Kommunikation mitgemacht oder je etwas über Rhetorik gelesen. Trotzdem fesselt er seine Kollegen, wenn er mit ihnen über die Zukunft ihrer Arbeitsplätze spricht und die Notwendigkeit, die neuen Qualitätszirkel richtig zu organisieren. Er schafft Sympathie, vermittelt Wärme, hat Ausstrahlung und regt seine Kollegen immer wieder an, ihre Meinung zu sagen, bei Unklarheiten zu fragen und ihn zu korrigieren, wenn er Gegenäußerungen falsch interpretiert oder sein Deutsch nicht klar genug ist.

Was unterscheidet den Werftarbeiter Barbarino von Dr. Träge und anderen Rednern und macht seinen Erfolg aus?

3 Der Geschäftsführer einer Computerfirma, Harald Rinke, stellt eine neue Sozialmaßnahme vor. Er rühmt sich, dass ihm das Wohlergehen seiner Angestellten am Herzen liege. Deswegen komme künftig einmal in der Woche auf Firmenkosten und während der Arbeitszeit eine Gymnastiklehrerin in den Betrieb, um mit den Mitarbeitern Fitness- und Antistressübungen zu machen. Er gibt auch einen genauen Organisationsplan für die Durchführung bekannt. Der Vorschlag wird stumm zur Kenntnis genommen. Beim Rausgehen sagt ein Mitarbeiter halblaut zu zwei Kollegen: „Typisch. Es wird angeordnet." Rinke ist leicht enttäuscht.

Wäre es nicht besser gewesen, vorher erst einmal festzustellen, ob die Initiative wirklich ankommt, und sich dadurch abzusichern? Er hätte sich dann während der Rede eine Bestätigung holen können: „Wie mir einige von Ihnen in den letzten Wochen gesagt haben, wäre das eine gute Sache. Stimmt das? Teilen die meisten von Ihnen diese Meinung? Wie sollte man das organisieren?" Also Dialog, nicht Monolog.

Was kann sonst passieren, wenn Sie, wie Geschäftsführer Rinke, zum Beispiel während einer Betriebsversammlung keinerlei Aktive Beteiligung oder Gegenstimmung erwirken? Auch wenn es sich um einen guten und sogar uneigennützigen Vorschlag handelt?

4 Die beiden Spartenleiter Lehmann und Hochfeldt streiten darüber, ob man überhaupt noch „Frontalvorträge“ halten sollte. Lehmann ist der Meinung, dass das eine überholte, unwirksame Form der Kommunikation sei, da ja doch heute niemand mehr zuhören wolle. Hochfeldt meint, man könne die Teilnehmer doch einbeziehen. „Und bei negativen Äußerungen, wie soll man denen begegnen?“ erwidert Lehmann. Hochfeldt hält dagegen, negative Reaktionen seien immer noch besser als gar keine. Wenn man überhaupt keine Rückkoppelung erziele, sei das wie ein Gang übers Eis, das jeden Augenblick brechen kann. „Und bei größeren Gruppen von hundert Teilnehmern oder mehr? Da kann man doch die Einzelnen nicht beteiligen!“ meint Lehmann. Darauf weiß nun Hochfeldt auch keine Antwort.

Was meinen Sie?

„Wer reden will, muss zuhören können.“ Das sagt ein Sprichwort. Wie wahr! Aber: „Heute kann oder will kaum jemand noch zuhören.“ Das stimmt bedingt auch. Vor allem durch die leicht konsumierbaren Massenmedien, durch die akustische und optische Reizüberflutung will – und kann – kaum noch jemand längere Zeit konzentriert zuhören. Eine längere Rede halten heute viele Menschen sowieso für eine Zumutung. Das heißt: Sie können keinen Hund mehr hinterm Ofen hervorlocken, wenn Sie sich vorne hinstellen und einen zweistündigen Frontalvortrag halten – es sei denn, Sie seien eine Ausnahmeerscheinung oder ein begnadeter Redner wie von Weizsäcker, Clinton, Mitterrand – und der vielleicht Größte unter ihnen: Winston Churchill. Ein guter Kommunikator weiß das und verhält sich dementsprechend.

Zunächst haben Sie nur Zuhörer vor sich. Einige der Zuhörer hören gar nicht zu, andere hören nur, aber nicht zu. Man empfindet es als eine Strapaze, einem längeren Monolog passiv zuzuhören – eben weil man nicht einbezogen wird. Das ist des Rätsels Lösung. Eine Kommunikation entsteht nur, wenn Gedanken zweigleisig ausgetauscht werden. Eine Ein-Weg-Kommunikation gibt es nicht – schon von der Definition her.

Der „Sender“ ist sowohl „Empfänger“ und umgekehrt. Zwischen Redner und Zuhörer muss es immer eine erkennbare Wechselbeziehung geben. Wenn man das nicht berücksichtigt, kann man nicht kommunizieren. Monologredner reißen niemanden vom Hocker, und sie kommen aus ihrer Isolierung nie heraus.

Deswegen: Der Kernpunkt unserer weltweit erprobten Methode ist die Zwei-Weg-Kommunikation. Das heißt: Sie müssen aus Ihren Zuhörern Teilnehmer machen. Wie? Dazu gibt es eine ganze Reihe von Techniken. Die wichtigste ist die AB, die Aktive Beteiligung.

Hier sind gleich zwölf Beispiele. Sie aktivieren Ihre Teilnehmer beispielsweise, wenn Sie

1. die Angesprochenen mitmachen lassen,
2. Fragen an die Teilnehmer stellen,
3. Zustimmung erwirken,
4. Meinungen erfragen,
5. etwas bewerkstelligen oder bearbeiten lassen,
6. Beispiele erbitten,
7. Lücken ausfüllen lassen,

8. Fragen stellen lassen oder fordern,
9. miteinander (laufend) diskutieren lassen,
10. Verständnis kontrollieren,
11. Beiträge anfordern,
12. Erfahrungen beisteuern lassen.

Mit der Aktiven Beteiligung, der Einbeziehung der Teilnehmer, wird ein Dialog, eine Rückkoppelung, hergestellt. Jeder Redner, der eine Aktive Beteiligung erreicht, und eine erfolgreiche Beziehung herstellt, wird schon damit zum Kommunikator. Also:

Aus Zuhörern Teilnehmer machen. So gewinnen Sie Menschen. Teilnehmer werden Einbezogene, Mitwirkende, Partner, Verbündete.

Als Redner können Sie eine AB nur *auslösen*. Erst wenn die Reaktion, die Beteiligung oder die Antwort des Teilnehmers erfolgt, haben Sie eine AB erreicht. Sie stellen beispielsweise eine Frage und bekommen keine Antwort. Das kann viel bedeuten oder gar nichts. Zunächst ist es bestenfalls eine Reaktion, aber eine PB, eine Passive Beteiligung. So braucht reines Kopfnicken gar nichts zu bedeuten – manchmal kommt es kurz vor dem Einnicken. Oder es spiegelt eine automatische Reflexbewegung gegenüber Vorgesetzten wider. Passive Beteiligung reicht aber nicht aus. Beteiligung muss aktiv, erkennbar und außerdem positiv sein.

„Sind Sie einverstanden?“ Wird diese Frage mit einem „Nein“ beantwortet, so ist das eine NAB, eine Negative Aktive Beteiligung. Alles, was dem Teilnehmer das Gefühl gibt, nicht mehr Zuhörer zu sein, sondern „Mitmacher“, schafft Beteiligung. Einige Beispiele: „Ist das verständlich?“, „Reicht dieser Hinweis?“, „Sehen Sie das auch so?“, „Können wir diesen Punkt abhaken?“, „Wollen Sie hierfür noch mehr Beispiele?“, „Was fällt Ihnen dazu noch ein?“, „Können Sie diese Analyse akzeptieren?“, „Was meinen Sie dazu?“, „Könnten Sie ein Beispiel dazu beisteuern?“, „Was möchten Sie sonst noch wissen?“, „Was sagen Sie dazu?“, „Fragen Sie sich nicht auch ...?“, „Können Sie mal notieren?“, „Was fehlt hier Ihrer Meinung nach noch?“, „Könnten Sie mal von sich aus …?“, „Wie sehen Sie das aus Ihrer Sicht?“ Das sind 16 Beispiele. Aber es gibt natürlich noch mehr.

Unterscheiden Sie: Es gibt sowohl „geschlossene“ Fragen, auf die es nur ein „Ja“ oder ein „Nein“ als Antwort gibt („Sind Sie damit einverstanden?“), als auch „offene“ Fragen, die nicht mit „Ja“ oder „Nein“ beantwortet werden können und eine ausführlichere Antwort verlangen wie etwa: „Was meinen Sie denn dazu?“ Eine „geschlossene“ Frage ist auch eine Kontrollfrage, mit der Sie Zustimmung und Einverständnis der Teilnehmer erwirken wollen: „Stimmt das?“, „Soll ich weitergehen?“, „Ist das zu schnell?“ Eine erzielte „Ja“- oder „Nein“-Rückkoppelung ist allerdings nicht sehr inhaltsreich. Wenn Sie echten Dialog und Gedankenaustausch wollen, dann stellen Sie mehr „offene“ Fragen wie: „Wie stehen Sie dazu?“, „Was meinen Sie?“, „Wie würden Sie das machen?“

Wie schon erwähnt, man kann eine ganze Rede nur mit Fragen bestreiten. Das ergibt einen totalen Dialog

Wann sollten Sie Beteiligung erwirken? Gleich zu Beginn! Das schafft sofort Kontakt, Sicherheit, Verbundenheit. Und setzt Signale für das gemeinsame Vorgehen. Diese anfängliche Beteiligung sollten Sie Ihren Zuhörern so leicht wie möglich machen. Stellen Sie „geschlossene“, suggestive Fragen wie: „Ist das so in Ordnung?“, „Können wir so vorgehen?“, „Sind Sie echt daran interessiert, etwas gemeinsam zu erstellen?“ Damit bringen Sie die Kommunikation in Gang. Aber: Bestehen Sie auf einer Antwort. Sonst haben Sie eine PB. Und riskieren eine weitere PB bei Ihrer nächsten Frage. Wenn Sie im Laufe Ihrer Rede einen Punkt hervorheben und näher erläutern wollen, können Sie die Teilnehmer fragen: „Wie verstehen Sie das?“ Sie stellen zum einen fest, ob Ihr Gedanke von den Teilnehmern verstanden worden ist, und außerdem haben Sie jetzt eine Beziehung hergestellt, die Sie nutzen können für weitere Informationen und für verstärkte Aufgeschlossenheit. Auch eine abgesprochene AB ist ein wirkungsvoller Einstieg: „Sie hatten mir doch vor der Sitzung gesagt, dass Sie dieses Thema ganz besonders interessiert. Können Sie noch einmal kurz sagen, warum?“

PB – Passive Beteiligung – reicht nicht aus.

Bei Informationsreden sollten Sie sehr viele Kontroll-ABs einsetzen. Sie wollen schließlich wissen, ob (oder wie) Ihre Aussagen von den Teilnehmern verstanden worden sind. Bei einer Gelegenheitsrede brauchen Sie das nicht unbedingt. Da wollen Sie die Teilnehmer vor allem stimmungsmäßig einbeziehen, ein gemeinsames Gefühl erwirken. Bei Begeisterungsreden hängt der Erfolg davon ab, dass die Aktive Beteiligung positiv und gegenseitig anfeuernd ausfällt: „Wollen wir dieses Spiel gegen unseren Erzrivalen gewinnen?" fragt der Trainer. Die Antwort der Mannschaft muss ein starkes „Ja" sein, sonst können Sie das Spiel gleich abhaken. Bei Überzeugungsreden muss die AB Gemeinsamkeit unterstreichen und bei Handlungsreden eine verbindliche Entscheidung erzielen (mehr hierüber in Kapitel 10).

Es gibt eigentlich nur drei Gelegenheiten, in der eine Aktive Beteiligung der Teilnehmer nicht angebracht ist. Eine Rede anlässlich einer Beerdigung ist so ein Fall. Eine Strafpredigt, als bewusste Ein-Weg-Information, ebenfalls. Und ein dritter Fall: wenn eine absolute Konfliktsituation vorliegt, die keine Kommunikation zulässt. Das sind die drei Ausnahmen.

Beispiele wirkungsvoller ABs

Weitere Beispiele, wie Teilnehmer aktiv beteiligt werden können, gibt es viele. Es beginnt mit eingebauten Fragen während einer Rede („Hätten Sie das gedacht?", „Sind Sie damit einverstanden?"). Das geht bis zu dem Beispiel des Generaldirektors eines bedeutenden amerikanischen Unternehmens, mit Standort in der Bundesrepublik. Er wollte seinen für die gesamte Werbung des Unternehmens zuständigen Mitarbeiter vor der Hauptversammlung loben und kam auf folgende Idee einer Aktiven Beteiligung: Er bat zunächst um Folgendes: Eine Abteilung nach der anderen sollte aufstehen und sich selbst beklatschen. Nach den Mitarbeitern der Produktion standen die des Verkaufs auf, dann die des Einkaufs und die der Buchhaltung. Schließlich bat er die Werbeabteilung aufzustehen. Als der einzige Mitarbeiter der Ein-Mann-Abteilung aufgestanden war, sagte der Chef: „Sie haben sich den Beifall wirklich verdient."

Was passierte? Die gesamte verblüffte Versammlung stand auf und applaudierte diesem Mitarbeiter. Kaum jemand hatte gewusst, dass er allein für die Werbung verantwortlich zeichnete.

Dass es sogar in einer Kirche bei einer Hochzeit möglich ist, eine Aktive Beteiligung herzustellen, beweist folgendes Beispiel: Hanna und Bernd heirateten im Kreis ihrer Freunde in einer kleinen Kirche in der Toskana. Der deutsche Geistliche, der die beiden trauen sollte, bestellte einige Wochen vorher die beiden Trauzeugen zu sich und bat sie, jeweils eine kleine Rede von fünf Minuten vorzubereiten. Während der Hochzeitszeremonie drückten die beiden dann vor dem Altar Hanna und Bernd ihre persönlichen Wünsche aus. Bevor der Pastor den beiden Brautleuten die Eheringe übergab, bat er die Hochzeitsgäste, die Ringe von Bank zu Bank herumgehen zu lassen: „Bitte, nehmen Sie die Ringe von Hanna und Bernd in die Hand, und schenken Sie den beiden ein paar Sekunden Ihre Gedanken und Wünsche.“ So wurde es gemacht – und nicht nur für die beiden Getrauten, sondern auch für alle Gäste war diese Zeremonie ein bleibendes Erlebnis.

Bei einer internationalen Führungstagung bat der Referent um die Angabe der nach Ansicht der Teilnehmer drei wichtigsten Vorgesetzteneigenschaften. Die Angaben wurden eingesammelt, zusammengestellt, den Teilnehmern in der Pause ausgehändigt und dann gemeinsam besprochen. Und das mit dreihundert Teilnehmern. Bei unseren Kommunikationstrainings – bei denen wir alle Ihnen hier empfohlenen Methoden testen und praktizieren – eröffnet nicht der Leiter, sondern jeweils ein Teilnehmer das Seminar. Dann redet jeder eine Minute vor der Videokamera über das Thema: „Was ist Kommunikation?“ Und jeder präzisiert, was er (oder sie) sich von dem Training erhofft und was sie selbst bereit sind einzubringen. Sicher besser als „Herzlich willkommen. Zu Beginn ein paar Bemerkungen ...“.

Aber hier eine Warnung: Dieses Vorgehen ist in letzter Zeit häufig praktiziert worden und verliert so an Wirkung. Ähnliches geschieht mit der gegenseitigen Vorstellung des Nachbars. Aber so funktioniert auch die Herstellung eines Dialogs mit einem oder zwei Nachbarn.

Bei einer Vorstandssitzung über die Verabschiedung eines Werbebudgets werden die Herren gebeten, zwischen einer Maximum- und einer praktikablen Minimumlösung zu entscheiden und dabei fünf Werbeslogans nach vermuteter Wirksamkeit zu beurteilen.

Anlässlich eines 50. Geburtstages wurde jeder der Gäste gebeten, eine kurze Episode aus einer Begegnung mit dem Gefeierten zu erzählen. Ob das klappte? Und wie das klappte! Das einzige Problem war: Jeder wollte zu Wort kommen. Das dauerte natürlich – und zwar fünfzig Minuten. Aber keiner merkte das, und niemanden störte es. Können Sie sich dagegen eine 50-Minuten-Solo-Geburtstagsrede vorstellen?

Bei einer Vertretertagung wurden alle Anwesenden gebeten, unter den Sitz ihres Stuhls zu gucken. Er enthielt ein Preisausschreiben über die Eigenschaften eines neuen Produkts. Die ersten zehn richtigen Antworten wurden sofort mit Preisen belohnt.

Diese wenigen Beispiele zeigen, wie umfassend AB-Möglichkeiten sein können.

Eine positive Aktive Beteiligung der Teilnehmer ist eine Kommunikation, die unbezahlbar ist. Kein noch so glänzend formulierter Satz kann die Wirkung einer AB ersetzen.

Und wissen Sie, wo der nützlichste Nebeneffekt der AB für Sie liegt? Wenn Sie durch Ihre AB einen echten Kontakt zu den Teilnehmern herstellen, werden Sie feststellen, dass Sie einen Großteil Ihres Lampenfiebers verlieren. Durch den Dialog werden Spannungen abgebaut. Die Rückkoppelung mit den Teilnehmern gibt Ihnen Sicherheit, die sich beruhigend auf Ihren Pulsschlag auswirkt. Sie haben das Heft in der Hand! Und können sich gleichzeitig entspannen.

Natürlich müssen Sie die AB üben. Das breite AB-Instrumentarium, das Ihnen für die Kommunikation zur Verfügung steht, sollten Sie bei jedem Anlass benutzen, damit es nicht einstaubt und unbrauchbar wird. Sie können den Einsatz der AB mit Kollegen bzw. Freunden trainieren – um dies dann in jedem Gespräch, jeder Verhandlung, jeder Sitzung zu praktizieren. Trotzdem gibt es für komplizierte Ernstfälle ein „Restrisiko“. Aber auch dies kann man vermeiden. Ein Vorstandsmitglied, das auf einer Hauptversammlung eine AB einsetzen wollte und sie vorher mit Abteilungskollegen geübt hatte, fiel bei der Premiere trotzdem fast auf den Bauch. Er wandte sich zu Beginn seiner Ausführungen an die versammelten Aktionäre mit den Worten: „Wer gegen ein Wachstum unserer Firme ist, der soll aufstehen.“ Wider Erwarten standen tatsächlich einige Dutzend Aktionäre auf – Mitglieder der alternativen Szene. Sie waren Aktionäre geworden, um die Unternehmenspolitik zu torpedieren. Bei der Generalprobe mit seinen Kollegen war keiner aufgestanden. Alle waren für eine Expansion. Aber eben nicht alle Aktionäre. Also: Auch hier gilt es, die Motive der Teilnehmer zu erfassen und die ABs entsprechend zu formulieren. Hätte er formuliert: „Wer ist gegen ein vernünftiges, kontrolliertes Wachstum, das unser aller Arbeitsplätze und eine vernünftige Rendite sichert? Die Betreffenden mögen bitte aufstehen", hätte er Erfolg gehabt. Der Vorstandsvorsitzende zog sich geschickt aus der Affäre, indem er eine zweite AB einsetzte und die schweigende Mehrheit bat, aufzustehen.

Weitere Hinweise dazu in Kapitel 8.

Schlagen Sie noch einmal zurück: Jetzt können Sie die vier Fragen und die vier Probleme sicherlich lösen!

Aus Zuhörern machen Sie Teilnehmer durch Aktive Beteiligung. Einbeziehung der Teilnehmer schafft Rückkoppelung und Sicherheit. Aber nur die Zwei-Weg-Kommunikation ist Kommunikation. Also keine Monologe mehr. Diese goldene Regel sollten Sie immer beachten.

Erfolgsrezepte aus kürzlich erlebter Praxis:

1. AB gleich zu Anfang (erste Minute). Die Teilnehmer sollten gar nicht erst in eine passive Zuhörerrolle geraten.
2. Testen Sie etwaige Fragen im Voraus. Auch gut erdachte Fragen sind keine Garantie.
3. Große Gruppen nicht individuell ansprechen. Es gibt genug Methoden, um Gruppen anzusprechen.

6

Einen wirklich Erfolg versprechenden Anfang finden

Können Sie diese vier Fragen beantworten?

1 *Muss man nicht aus Höflichkeit bei jeder Rede zunächst die Anwesenden begrüßen?*

2 *Kann man bei einer Rede mit dem Schluss anfangen?*

3 *Wissen Sie, wann Sie eine Rede mit einem Witz beginnen können und wann nicht?*

4 *Gibt es die Möglichkeit, dass ein anderer für Sie Ihre Rede beginnt?*

Können Sie diese vier Probleme lösen?

1 „Meine sehr geehrten Damen und Herren. Unvorbereitet, wie ich umständehalber leider bin, und mit sehr viel weniger Sachverstand ausgezeichnet als die meisten von Ihnen, aber mich trotzdem bemühend, Ihnen eine interessante Übersicht über verschiedene Methoden betrieblicher Gemeinkostenanalysen zu geben, werde ich heute, wenn Sie es gestatten, erst einmal kurz die Rahmenbedingungen erwähnen, die einigen von Ihnen bekannt sein dürften …“

Stopp.

Dr. Obermeier, promovierter Betriebswirt und in einer größeren Getränkefabrik für das Finanzwesen zuständig, ist vom Arbeitgeberverband gebeten worden, über die Erfahrungen seines Unternehmens mit Mischkalkulationen zu sprechen. Weil Herr Dr. Obermeier sich sehr geehrt fühlt, aber Angst hat, sich zu blamieren, hat er noch einmal viel über das Thema gelesen. Dann hat er sich seine Rede aufgeschrieben. Leider hatte er keine Zeit mehr, sie einzuüben. Dr. Obermeier war sicher, wenn er sich erst einmal „warm“ geredet habe, könne er einen sauberen Vortrag abliefern.

Warum wirkt Dr. Obermeier trotzdem eher devot als selbstbewusst? Was sollte wohl der Anfang bezwecken?

2 Architekt Weisheit soll vor der Architektenkammer über die behördlichen Bestimmungen beim Ausbau eines Hochhauses referieren. Er weiß, dass sich seine Kollegen vor dem auf zwei Stunden angesetzten Vortrag grauen. Es wird Paragraphen regnen, Verordnungen und Ausführungsbestimmungen hageln. Architekt Weisheit überlegt, wie er die trockenen, aber für die tägliche Arbeit notwendigen Informationen spannend aufbereiten kann – und vor allem, wie er einen so zündenden Anfang findet, dass er die Teilnehmer damit erst einmal neugierig macht.

Er strukturiert das Thema in drei Schwerpunkte und schreibt sich als ersten Satz auf: „Im Prinzip kommt es für Sie nur auf drei Dinge an. Wenn Sie diese im Griff haben, ist der Rest eine einfache Nachschlagearbeit, die andere für Sie erledigen können. Erstens ist es notwendig …"

Was halten Sie von diesem Anfang?

3 Zwei Abteilungsdirektoren bereiten ihren Halbjahresbericht für den Vorstand vor. Die beiden diskutieren darüber, wie sie ihre Rede anfangen sollten. „Also, ich werde so anfangen wie im letzten Jahr: sachlich und logisch und für jeden, der einen normalen Verstand hat, einleuchtend. Fakten, Zahlen, Entwicklungen stehen in der Vorlage, können also mitgelesen werden." Der Zweite hält ihm entgegen, dass auch der Vorstand nur aus Menschen besteht, die mal lachen und unterhalten werden wollen: „Ich erzähl' erst einmal von dem Kunden, der Chips für Kartoffelprodukte hielt und mich fragte, was die mit Plattenspeichern zu tun hätten. Das ist nicht irgendein Witz, sondern ein nützlicher Hinweis. Wir argumentieren in unserer ganzen Werbung noch immer zu technisch."

Würden Sie einen Bericht für Ihre Vorgesetzten so beginnen? Und als Vorgesetzter: Würden Sie den zweiten Referenten nicht bitten, zur Sache zu kommen?

4 Regina Bertel soll mit vier anderen Rednern bei einer Podiumsdiskussion sprechen. Der Veranstalter hat jedem Redner fünf Minuten Redezeit zur Vorstellung seiner Ansichten eingeräumt. Frau Bertel hält das für viel zu kurz. Und das sagt sie den Zuhörern auch gleich: „Guten Tag, meine sehr geehrten Damen und Herren, Herr Bürgermeister, Herr Senator, Herr Baudirektor. Ich freue mich besonders, hier heute vor Ihnen sprechen zu dürfen. Die Zeit von fünf Minuten reicht leider nicht aus, um … Es ist daher nicht möglich …"

Frau Bertel hat fast alle Fehler gemacht, die man mit so wenigen Worten machen kann. Können Sie einen besseren, spannenderen Anfang finden?

Der erste Satz einer Rede ist der zweitwichtigste. Welcher ist noch wichtiger? Richtig. Der letzte Satz. Der Anfang und der Abschluss, der Erfolg versprechende Start und das angestrebte Ziel, sind die entscheidenden Phasen einer Rede. Mit einem gelungenen Anfang, zum Beispiel mittels einer Aktiven Beteiligung der Teilnehmer, schaffen Sie Kontakt, Neugier und Selbstsicherheit. Das ist gut für die Teilnehmer, denn die fühlen sich angesprochen, und gut für Sie, denn Sie sind damit über die schwierigste Phase einer Rede, den Anfang, bereits hinweg und vertreiben so Ihr Lampenfieber.

Auf den packenden Anfang legen Sie besonderes Augenmerk. Es ist der erste Baustein Ihres Erfolges, also das Fundament. Wie aber startet man eine Rede?

Auf keinen Fall sollte man folgendermaßen anfangen:

1. Entschuldigungen,
2. lange Einleitungen,
3. Selbsterwärmung,
4. Fischen nach Komplimenten,
5. ichbezogene Eigenüberlegungen,
6. Rechtfertigungen, weshalb man redet,
7. Unterwürfigkeit,
8. „Guten Morgen" (um 11.30 Uhr),
9. negative Anfänge („Ich werde heute nicht ...") oder falschen Versprechungen („Ich werde versuchen, mich kurz zu fassen"),
10. „Meine Damen und Herren" (oder das direkte Anreden bestimmter Anwesender). Die Anrede kann auch im folgenden Satz untergebracht werden.

Ein garantiert guter Anfang: Beginnen Sie mit einem „V3". Das bedeutet: **V**orteils***v***ersprechen **v**orweg! Übersetzt: Was werden Sie als Teilnehmer davon haben, mir jetzt zuzuhören? Beispiel: „Die folgenden vier Minuten werden Ihnen vier neue Wege zeigen, mit weniger Aufwand mehr zu erreichen." Dies ist also ein Vorteilsversprechen über den Nutzen des Zuhörens.

Doch das ist nur eine Möglichkeit: Es gibt noch viele andere. Sie werden sie kennen lernen. Wie aber finden Sie den besten Anfang?

Tipp: *Nachdem* Sie Ihren Redewegweiser (Stichwortmanuskript) erstellt und in kürzeren Stichworten festgehalten und einen wirkungsvollen Abschluss gefunden haben, suchen Sie sich aus der Liste guter Redeanfänge fünf bis acht mögliche heraus. Kontrollieren Sie, ob diese ohne Wirkungsverlust ausgelassen werden können. Dann streichen Sie diese. Und dann wählen sie unter den übrig gebliebenen den besten Anfang.

Denken Sie daran:

Ein zündender, viel versprechender Anfang ist „die halbe Miete".

Geben Sie sich genügend Zeit, einen wirkungsvollen Anfang zu finden. Erfolgreiche Kommunikatoren „brüten" oft Stunden (!) über die ersten drei Sätze ihrer Rede. Sie wissen, der Anfang ihrer Rede ist die Weiche für ihre Erfolgs- oder Misserfolgsschiene. Mit einem guten Einstieg stellen Sie die Weichen auf „freie Fahrt". mit einem schlechten kämpfen Sie ständig gegen den Wind.

Hier eine Auswahl gelungener Starts: 24 getestete Redeanfänge, die Spannung, Neugier, Kontakt, Sympathie, Wirkung erzeugen.

1. Das Thema selbst

Direkt ins Thema „springen"! Keine Begrüßungsfloskeln, keine langatmige Einleitung, sondern sofort zum Wesentlichen kommen, Interesse wecken! Besonders dann, wenn das Thema attraktiv ist. Die Teilnehmer werden es Ihnen durch besondere Aufmerksamkeit danken – und annehmen, dass Sie Ihre Rede genauso konzentriert weiterführen werden. Nennen Sie im ersten Satz noch einmal das Thema – „Kosten senken ohne negative Nebenwirkungen – das ist das Anliegen" – oder nur das Schlüsselwort – „Innovationen – sicher! Aber wie?" Auch ein kurzer „Abriss" ist möglich: „2004 ein Jahr voller Probleme, Aussichten, echter Chancen." Übrigens: Kümmern Sie sich auch um eine gute Themenformulierung. „Grundsätzliche Betrachtungen über Exportförderungsmaßnahmen" zieht sicher weniger als „Können Exportförderungsmaßnahmen uns wirklich helfen?" Hierzu noch ein paar Tipps. Eine gute Themenüberschrift gleicht der einer Anzeige. Sehen Sie sich solche Schlagzeilen an. Nicht mehr als acht Wörter. Dann eine Frage, die Neugier weckt. Oder ein Vorteilsversprechen enthält. Oder auch ein Rezept. Zum Beispiel: „Wie man Kreativität in unserem Unternehmen erzeugt." Und wenn man Ihnen als Referenten eine schlechte Themenformulierung vorsetzt, reagieren Sie. Mit Verbesserungsideen.

2. Interesse weckende Inhaltsandeutung

Eine kurze Inhaltsandeutung kann Interesse wecken. Wie macht man das? Zum Beispiel so: „Der 19. Oktober 1998 – dieses Datum werden wir nicht vergessen." Das weckt Erinnerungen. Oder es fragt ein Redner in seinem ersten Satz: „Niedrige Ölpreise – gut oder schlecht?" Diese Frage hat sich wahrscheinlich auch jeder Teilnehmer schon einmal gestellt. Da der Redner mit seinem Anfang aber noch keine Tendenz andeutet, wächst die Neugier für die Folge. Ein solcher Anfang lässt sich zu fast jedem Thema vorbereiten. Ein Brillenhersteller begann sein Referat vor Warenhauseinkäufern mit: „Wussten Sie, dass jeder vierte Mensch kurzsichtig ist?"

3. Rhetorische Fragen, echte Kurzfragen, Sachfragen

Mit einer Frage zu Beginn Ihrer Rede erreichen Sie mehrere Vorteile gleichzeitig: Sie stellen Kontakt zu den Teilnehmern her, wecken Interesse, erkunden Atmosphäre und Erwartungshaltungen und bauen Ihre eigene Spannung ab (denn die AB, also Antworten der Teilnehmer, entlastet Sie). Sie können dabei gern bis zu drei Fragen stellen. Wenn Sie mit rhetorischen Fragen beginnen wollen, sollten Sie die Dreierregel beherzigen: „Wen geht es an, wenn so viele Menschen keine berufliche Zukunft sehen? Werden wir nicht alle davon direkt oder indirekt betroffen? Sollten wir nicht einige Minuten Überlegung dafür aufbieten?"

Echte Kurzfragen, offene oder geschlossene, alternative oder eindeutige, lassen sich immer finden. Ein Beispiel für Alternativfragen: „Die Wahl ist einfach. Konsolidieren oder zumachen?" Wenn Sie bei Sachfragen keine langatmigen Antworten oder eine Diskussion provozieren wollen, sollten Sie Ihre Fragen so formulieren, dass sie mit „Ja" oder „Nein" beantwortet werden können: „Tiefflugstopp. Ist diese Entscheidung richtig? Was meinen Sie?" Die Antwort kann „Ja" oder „Nein" lauten. „Wissen Sie, wie viele Kreditkarten der Durchschnittsamerikaner besitzt?" Diese echte Kurzfrage war der Aufhänger eines amerikanischen Bankiers zum Thema Privatkredit.

4. Originelle Bemerkung zum Anlass

„Erinnern Sie sich, was vor fünfzehn Milliarden Jahren war? Der Urknall. Wissen Sie noch, was vor vier Milliarden Jahren passierte? Die Entstehung der Erde. Was war vor ein bis zwei Millionen Jahren? Die ersten Menschen entwickelten sich. Was war vor fünfhundert Jahren? Das Mittelalter. Jetzt stellen Sie sich die vergangenen fünfzehn Milliarden Jahre als ein einziges Jahr vor: Am 1. Januar war dann der Urknall, die Erde entstand im September, die Menschen am 31. Dezember und das Mittelalter eine Stunde vor Neujahr. „So begann ein Vortrag über die Entwicklung der Bundesrepublik nach dem Zweiten Weltkrieg.

Mit einem originellen „Einstieg" gewinnen Sie Sympathie und Neugier, denn natürlich signalisieren Sie damit, dass auch der Rest Ihrer Rede ähnlich spannend und unterhaltsam sein wird. Aber nicht immer müssen Sie so weit in die Vergangenheit zurückblicken: „Auf den Tag genau vor zehn Jahren saßen drei Männer hier im Raum …" Oder: „Was ist heute für ein besonderer Tag?" Pause. Dann verschiedene Antworten der Teilnehmer. Danach der Redner: „Zum ersten Mal in unserer Firmengeschichte haben wir einen täglichen Produktionsausstoß von … erreicht. Das ist Branchenrekord!"

5. Besondere Begrüßung der Zuhörer – Motivation ansprechen

„Über zweitausend Jahre technische Erfahrung sitzen hier im Saal. Jeder von Ihnen, zweihundert insgesamt, hat durchschnittlich zehn Jahre Erfahrung. Wenn nicht mehr. Rechnen Sie meine dazu, sind es zweitausendzwanzig." Mit einem solchen Anfang – auch dies ist ein getestetes Beispiel – brechen Sie das Eis zwischen Redner und Teilnehmer, bringen die Teilnehmer zum positiven Nachdenken und werten sie auf. Hier noch eine ungewöhnliche, stark motivierende Begrüßung: „Herzlichen Dank und Gratulation. Ihr seid eine Supertruppe. Ohne euch in der Fertigung hätten wir das nicht zustande gebracht."

6. Schock-Feststellung oder „Mit-der-Tür-ins-Haus-fallen"-Methode

Damit hatte kein Teilnehmer gerechnet, als der Firmenchef auf der Betriebsversammlung ans Rednerpult ging: „Es ist fünf Minuten vor zwölf auf unserer

Schicksalsuhr. Wir sind wirklich übel dran. Wenn wir nicht sofort …“ Es folgte eine dramatische Schilderung der Lage, die die Mitarbeiter des Unternehmens wachrüttelte. Mit diesem Einstieg hat der Chef seine Mitarbeiter geschockt und sie so aufnahmebereit gestimmt. In der vorangegangenen Vorstandssitzung sah der Einstieg so aus: „Ja, das nächste Jahr wird kritisch. Wenn wir so weitermachen, haben wir in zwei Jahren einen Verlust von achtzig Millionen Mark.“

7. Witz, Scherz, Anekdote, Fabel, Zitat, Episode, Erlebnis, Geschichte, Beispiele

Wenn Sie als Redner etwas Witziges zum Besten geben wollen, tun Sie es, denn es ist – wenigstens in Europa – ungewöhnlich. Es lockert ungemein auf. Aber seinen Sie etwas vorsichtig. Witze, Scherze oder Anekdoten müssen „sitzen“. Mit einem unpassenden Witz, einem Scherz, den einige Teilnehmer falsch verstehen, oder einer Anekdote, deren Pointe Sie verpatzen, erzeugen Sie Befremden. Testen Sie daher diese Einstiege. Am besten wirken Witze, wenn sie nicht erwartet werden. Deshalb nie ankündigen: „Zu Anfang eine nette Geschichte.“ Auch nicht: „Eine wahre Begebenheit.“ Dann fangen viele an zu zweifeln. Nicht selbst vorher lachen. Nach der Episode nicht sagen: „Und nun zurück zum Thema.“ Und beachten: Immer Gegenwartsform, nicht chronologisch! Und keine egozentrischen Episoden (es sei denn, *Sie* sind dabei hereingefallen). Im Zweifelsfall: KUSS. Sie erinnern sich: **k**ürzer, **u**nmittelbarer, **s**pannender, **s**chneller. Das ist auf jeden Fall sicherer. Erklären Sie eine Pointe nicht, wenn keiner lacht. Sprechen Sie weiter. Sie werden vielleicht doch verstanden, trotz der gelegentlich auftretenden Lachhemmschwelle.

Etwas Mut gehört schon zu einem solchen Einstieg. Aber er lohnt sich.

8. Spektakuläres, gemeinsames Erlebnis

Eine gemeinsame Kommunikationsebene lässt sich herstellen, wenn Sie zu Beginn ein gemeinsames Erlebnis in Erinnerung rufen, an das jeder gern zurückdenkt: „1988, in Evian im Mai am Genfer See. Sie erinnern sich …“ Oder: „Was haben wir damals alle danebengeraten. 10 Prozent bessere Ergebnisse war der kühnste Tipp. Wissen Sie noch?“ Zwischen Ihnen und den Teilnehmern springt der Funke über, die Kommunikation ist hergestellt, Sie können nun Ihre Gedanken „rüberbringen“.

9. Akustischer und optischer Effekt

Ein spannender Anfang kann auch ein Sketch sein, den Mitarbeiter oder Kollegen vorführen (etwa eine Kundenreklamation), oder ein Dia, das die Teilnehmer einstimmt, eine Karikatur oder Illustration, die an die Wand projiziert wird, ein Gegenstand (wie Ihr Produkt) oder eine Vorführung, vielleicht auch ein anderes originelles audiovisuelles Hilfsmittel, das die Aufmerksamkeit der Teilnehmer weckt. Der akustische oder optische Effekt muss allerdings von den Teilnehmern einfach zu verstehen, zu lesen oder zu sehen sein. Erinnern Sie sich noch an Gandhis Hand voll Reis, Chruschtschows Schuh während seiner Rede vor der UNO, Reagans Bilder und Landkarten? Jelzin mit der russischen Flagge auf dem Panzer?

10. (Dramatisches) persönliches Eingeständnis

Ein spannender Anfang ist zweifellos auch das Eingestehen eines Fehlers, einer Wissenslücke oder einer Unfähigkeit. Weil persönliche Eingeständnisse ungewöhnlich sind, haben sie eine besondere positive Wirkung. Warum also nicht, wenn Sie selbstbewusst genug sind, eine mögliche Schwäche zugeben? „Die Entlassung von Herrn Müller war ein echter Fehler von mir.“ Hand in Hand mit dem Eingeständnis kann man eine Aufforderung an die Teilnehmer machen: „Hier kommen wir ohne Sie nicht mehr weiter.“ Noch ein Beispiel: „Hoffentlich finden Sie die Antwort – mir ist sie bisher noch nicht eingefallen.“

11. Aktuelles Ereignis (am „Tatort“), Neuheit, Nachricht

Flexibel und unkonventionell wirkt ein Redner, der zu Beginn seiner Rede ein aktuelles Ereignis, eine Neuheit oder eine Nachricht aufgreift. Am wirkungsvollsten ist ein Ereignis im Saal, im Tagungshotel oder in der Firma: „Am Eingang sagte mir unser ältester Mitarbeiter …“ Ein Politiker machte es einmal folgendermaßen: „Ich bin den Ausführungen meines Vorredners gefolgt und habe mir alle seine guten Argumente auf dieses Blatt geschrieben“ – und hält dabei ein weißes, leeres Blatt hoch. Vielleicht nicht ganz fair, aber wirkungsvoll. Es lassen sich aber auch aktuelle Ereignisse aus den Radio- oder Fernsehnachrichten bzw. den Zeitungen als Einstieg nutzen: „In der heutigen Ausgabe des ›Handelsblatts‹ steht auf der ersten Seite …“, „In den Nachrichten heute Morgen …“ Sie können auch ein Fernschreiben vorlesen oder Zahlen nennen, die noch keiner der Teilnehmer kennen kann. Die Ereignisse in Westeuropa im Herbst und Winter von 1989 ergaben genügend Anhänger für einen Redeanfang.

12. „Stellen Sie sich vor …"

„... unser Cash-flow ist im vergangenen Quartal erneut um 5 Prozent zurückgegangen." Das ist ein Anfang mit einem Donnerschlag. Die Teilnehmer werden damit zum Mitmachen, zum „Sichvorstellen" aufgefordert. „Stellen Sie sich vor, Sie sind auf einer einsamen Insel aufgewachsen und sehen zum ersten Mal in Ihrem Leben einen Computer." Hiermit erzeugen Sie beim Teilnehmer ein inneres Bild, das Sie im weiteren Verlauf Ihrer Rede immer wieder nutzen können: „Wie würden Sie mit diesem Gerät …?"

13. Parallele (Analogie)

Häufig benutzen Redner Gleichnisse oder Vergleiche. Wenn sie stimmen, machen sie Eindruck. Wenn nicht, werden sie gefährlich. „Spitzenkräfte sind wie Rennpferde – leistungsfähig, aber auch empfindlich." Klingt positiv, aber nicht bei älteren Abteilungsleitern. „Mitarbeiter führen ist wie Kinder erziehen." Vor Personalchefs können Sie das sagen, vor Betriebsräten wäre das gefährlich. Problemlos sind Analogien wie: „Leidenschaft in der Politik ist vielleicht ein guter Motor, aber ein schlechtes Lenkrad."

14.These und Antithese

„Die Entscheidung, die Sie zu treffen haben, ist wie die zwischen Rüstung und Abrüstung, wie die zwischen Niederlage und Sieg oder wie die zwischen Pleite oder Expansion." Bei der Anwendung von These und Antithese ist es empfehlenswert, zuerst die negative Variante, dann die positive zu nennen. Sie können dann im nächsten Satz sofort daran anknüpfen: „Abrüstung ist natürlich unser Ziel, aber …" Oder: „Siegen wollen wir, besonders da …" Oder: „Expansion ist die einzig richtige Entscheidung, denn …" Sie kennen den These- und Antithese-Satz aus „Hamlet". Wandeln Sie ihn für Ihre Zwecke ab: „Sein oder Nichtsein unserer Firma in diesem härtesten Markt der Welt, das ist für uns hier jetzt die Frage." Aber Vorsicht: nicht pathetisch!

15. Abwegiger, antikonventioneller, „anormaler" Anfang

„Nehmen Sie mal bitte ein Papier zur Hand, und schreiben Sie ein Wort auf, nur eins, das Sie beim heutigen Thema ›Betriebskonflikt‹ bewegt." Pause. „Wer von Ihnen hat wenigstens sinngemäß einen der beiden Begriffe ›schlimm‹ oder ›Lösung finden‹ geschrieben? Bitte Hand hoch. – Ergebnis: Über 80 Prozent! Also, lasst uns suchen. Denn die Lage ist schlimm." Besser als eine breite Themenerwähnung, nicht wahr? Oder: „Sie erwarten von dieser Zusammenkunft, dass... Aber Sie werden das Gegenteil erleben." Mit einem solchen Anfang provozieren Sie die gewünschte Aufmerksamkeit geradezu. Ein letztes Beispiel: „Sie wollen eine schnelle Entscheidung. Aber je mehr wir drängen, desto langsamer kommen wir voran."

16. Dialog mit Teilnehmern oder Kollegen, Eröffnung durch Teilnehmer

Warum müssen Sie die ersten Worte finden? Lassen Sie jemand anderen eröffnen – oder tun Sie es mit ihm zusammen! „Herr Schürmann, Sie sind unser erfahrenster Ingenieur. Was meinen Sie?" Sie können auch mit einer kurzen Abstimmung beginnen: „Wer von Ihnen ist entschieden für saubere Luft im Büro?" Da Sie sich schon vorher denken können, dass eine überwältigende Mehrheit für saubere Luft im Büro stimmen wird, können Sie Ihre weiteren Sätze auf dem Abstimmungsergebnis aufbauen. Sie wollen über neue Sicherheitsbestimmungen im Betrieb reden und haben gehört, dass Herr Damke gestern über einen heruntergefallenen Ziegelstein gefallen ist: „Herr Damke, erzählen Sie mal, was Ihnen gestern passiert ist." Durch den Dialog mit Teilnehmern gleich zu Beginn Ihrer Ausführungen schaffen Sie Kontakt und damit Kommunikation. Sie entlasten sich, bauen Spannungen ab.

17. Teilnehmer aktivieren, miteinander bekannt machen

Ein solcher Anfang kann die gesamte Atmosphäre im Raum sofort günstig beeinflussen. „Haben Sie schon Ihren Nachbarn begrüßt? Fragen Sie ihn doch einmal, weshalb er hier ist!" Sie haben die Teilnehmer aktiviert, Kontakt unter ihnen geschaffen, die Stimmung gelockert und eine Gruppenatmosphäre geschaffen, in der es sofort zu einer echten Kommunikation kommt. Noch ein Beispiel: „Schreiben Sie das erste Wort auf, das Ihnen zum Thema X in den Sinn kommt. Und jetzt vergleichen Sie mal Ihr Ergebnis mit dem Ihrer Nachbarn.“ Auch hier verlagern Sie die Aktivitäten. Die Teilnehmer müssen etwas tun, Sie gewinnen Zeit, können durchatmen, Ihr Lampenfieber abbauen.

Klappt das? Und wie das klappt! Immer? Jawohl, immer! Menschen wollen miteinander reden.

18. „Nur drei Punkte …"

Wir müssen alle Tag für Tag Diskussionen, Reden, Gedanken und Ausführungen anderer anhören und sind jedem Redner dankbar, wenn er uns bereits in den ersten Sätzen sagt, dass seine Rede nicht mehr als drei wichtige Punkte enthalten wird. Und die nennen Sie auch gleich: „Es gibt nur drei Dringe, die man beachten muss beim Golfspielen …“ Drei ist eine magische Zahl. Drei Punkte kann sich jeder Teilnehmer merken. Der Firmenchef sagt zu seinen Abteilungsleitern: „Nur drei Dinge sind entscheidend: Leistung, Gewinn, Zukunft.“ Erfreuen Sie Ihre Zuhörer mit einem einfachen Konzept: „Innovation besteht aus nur drei Phasen: Problemdefinition, Ideensuche, praktische Verwirklichung. Alles andere ist zweitrangig.“ Finden Sie das zu einfach? Mit bewusster Vereinfachung komplizierter Vorgänge kommen Sie weiter als mit komplizierten Beschreibungen einfacher Dinge.

19. „Sie" („Wir"), Primärappelle

Geltungsbedürfnis, Erwerbsstreben, Liebe, Sicherheit, Neugier, Bequemlichkeit, Anlehnung, Gesundheit – die Liste der Primärappelle ist lang. Diese Themen sprechen Menschen ganz besonders an. Solche Primärappelle gehen unter die Haut. Vier Beispiele:

1. „Uns gehört der Erfolg. Wir müssen nur zugreifen.“
2. „Es ist ein gutes Gefühl, eine echte Leistung vollbracht zu haben, nicht wahr?“
3. „Der Konkurrenz eines aufs Dach zu geben macht Spaß, oder?“
4. „Sie suchen einen Sinn für Ihren Einsatz. Wir auch. Sie wollen die Zukunft absichern – das wollen wir auch.“

20. Mit dem Abschluss anfangen

Denken Sie einmal an Romane oder Filme, die mit dem Schluss beginnen. Dieser Anfang sorgt für Spannung beim Leser oder Zuschauer, denn er will nun wissen, wie es zu diesem Ende kommen konnte. Dieses Mittel können auch Sie benutzen. Stellen Sie Ihre Schlussfolgerung an den Anfang: „Ja, wir können Ihre Forderungen voll erfüllen“, beginnt ein Debattenredner und nennt in den folgenden Minuten die Voraussetzungen dafür, dass die Forderungen erfüllt werden. Ein Entwicklungschef will seine Techniker motivieren. Er beginnt seine Rede mit den Worten: „Wir können es wieder schaffen. Auch dieses Mal. Und zwar so …“ Er hat das Pferd von hinten aufgezäumt. Tun Sie das doch auch einmal!

Aber im Gegensatz zur Reiterpraxis ist dieses Vorgehen absolut ungefährlich.

21. Im Teilnehmerkreis anfangen

Immer häufiger beginnen Showmaster oder Unterhalter ihre Fernsehsendungen oder Auftritte so. Sie stehen nicht auf der Bühne, sondern befinden sich im Saal, mitten unter den Zuschauern. Das können Sie auch: Sie gehen nicht nach vorn, sondern fangen aus der Gruppe der Teilnehmer heraus an zu reden. Dieses für die Aktionäre auf einer Hauptversammlung oder für die Betriebsangehörigen bei einer Mitarbeiterversammlung völlig unerwartete Bild wird Ihnen zugute kommen. Sie erzielen eine freundliche Aufmerksamkeit. Aus dem Plenum heraus mit der Rede zu beginnen zeigt Solidarität mit den Teilnehmern – einer von uns, aus unserem Kreis – und Originalität. Wichtig: Bereiten Sie einen solchen Anfang sorgfältig vor. Wo sitzen Sie? Wo gehen Sie nach vorn? Klappt die Technik? Vielleicht brauchen Sie für Ihren spektakulären Auftritt ein anderes Mikrofon oder ein längeres Kabel. Üben!

22. Laut, langsam, eindringlich

Für einen guten, spannenden Anfang ist es nicht nur wichtig, was Sie sagen, sondern ebenso, wie Sie es sagen. Die Teilnehmer müssen schon an Ihrer Stimme merken, dass Ihre Aussage wichtig ist. Deswegen: Unterstreichen Sie nachdrücklich Ihren Anfang – sprechen Sie laut, langsam und eindringlich! Sie haben doch die Bedeutung dieses Hinweises verstanden? Richtig, gerade am Anfang sprechen wir meistens zu leise, zu schnell, zu zaghaft.

23. Vorteilsversprechen vorweg (V3): Lockendes Ziel der Rede an den Anfang

Aller Anfang ist schwer, für Sie und auch für die Teilnehmer. Stellen Sie ihnen daher zum Anfang ein positives, lockendes Ziel als Ergebnis ihrer Teilnahme in Aussicht. „Schon nach fünf Minuten werden Sie feststellen können, wie Sie ..." Durch das bereits erwähnte Vorteilsversprechen motivieren Sie die Teilnehmer zum Zuhören und Mitmachen. „Die ersten drei Vorschläge werden Ihnen sofort zeigen, dass ..." Um eine Schleife vom spannenden Anfang zum packenden Schluss zu binden, können Sie das Vorteilsversprechen der ersten Sätze auch auf den Schluss hin ausdehnen: „Am Ende dieser Darstellung werden Sie mindestens zehn gute Ideen bekommen haben, um Ihre Mitarbeiter wirklich zu motivieren." Das verlängert die Dauer der Aufmerksamkeit.

24. Andere Anfänge

Verwenden Sie eigene Ideen. Es gibt so viele Möglichkeiten – auch neue, unkonventionelle. Suchen Sie ein Vorgehen, das Ihrer Persönlichkeit und Mentalität entspricht. „Wer Wege geht, die noch keiner ging, hinterlässt Spuren und nicht nur Staub." Ein weiser Spruch, nicht wahr?

Noch etwas: Warum fangen so viele Redner mit „Meine (Damen und) Herren!" an? Wahrscheinlich, weil sie keinen anderen Anfang kennen. Sie kennen jetzt andere und können bei Bedarf diese Anrede im zweiten oder dritten Satz unterbringen. Dann wäre sie mehr als eine Höflichkeitsfloskel.

So – nicht vergessen! Testen Sie Ihren Anfang. Wenn Sie ihn ohne Verlust auslassen können, suchen Sie nach einem besseren! Und dann: Üben! Wenn Ihr erster Satz nicht zündet, werden Sie es schwer haben, die Teilnehmer zu fesseln. Wenn er aber zündet, dann sind Sie auf der Siegerstraße!

Können Sie jetzt die vier Fragen und die vier Probleme vom Anfang des Kapitels lösen?

Dieses Kapitel hat 20 Seiten. Schon daraus ersehen Sie, wie wichtig ein erfolgreicher Anfang ist. Auch bei

unseren Kommunikationsseminaren verwenden wir Stunden, um gute Anfänge zu erarbeiten und zu trainieren. Ein spannender Start ist wichtiger als ein guter Hauptteil. Sie müssen Ihre Teilnehmer sofort gewinnen. Lernen Sie die ersten Sätze Ihrer Rede auswendig. Die müssen „sitzen“.

Erfolgsrezepte aus kürzlich erlebter Praxis:

1. Sie können die Bedeutung Ihrer zündenden Sätze gar nicht überschätzen. Wählen Sie unter mehreren Alternativen.
2. Nur bei absoluter Ruhe anfangen. Jeder Teilnehmer weiß, dass Sie nicht aufhören, bevor Sie nicht angefangen haben.
3. Laut, langsam, locker (L^3).

7

Einen packenden Abschluss wählen

Können Sie diese vier Fragen beantworten?

1 *Ist es für den Redner günstiger, wenn die Teilnehmer ihn mit Fragen unterbrechen – oder wenn die Fragen am Ende gestellt werden?*

2 *Können Sie eine mittelmäßige Rede mit einem glänzenden Abschluss noch retten?*

3 *Welcher Abschluss ist besser: „Viel Erfolg“ oder „Vielen Dank“? Oder sind beide Ausdrücke schlecht?*

4 *Sollte man den Abschluss einer Rede vorher ankündigen?*

Können Sie diese vier Probleme lösen?

1 Hans Erbach und Günther Steinmetz sind Fertigungsleiter in einer Automobilfabrik. Sie wollen den Auszubildenden in ihrem Bereich einen Vortrag über „Sicherheit am Arbeitsplatz" halten. Erbach plädiert dafür, den jungen Leuten neben den Gefahren, die in einer Fabrik lauern, zu zeigen, welchen Nutzen sie davon haben, wenn sie die Sicherheitsbestimmungen genau einhalten. Er beabsichtigt, mit den Worten zu schließen: „Sicherheit am Arbeitsplatz – das bedeutet für Sie: Gesundheit, gesicherte Karriere, Wertschätzung."
Steinmetz möchte den Auszubildenden lieber Angst machen, sie aufrütteln, ihnen von Werksunfällen und ihren schrecklichen Folgen berichten und zum Schluss an die jungen Leute appellieren: „Möge so etwas bei uns nie passieren!"

Beide Herren meinen es gut. Aber nur einer der beiden hat einen guten Abschluss gefunden. Wer? Und warum?

2 Während seiner auf vierzig Minuten angesetzten Rede vor der Handelskammer merkt Karl Meister, dass er viel früher fertig sein wird. Der Grund: Er hatte mit mehr Fragen gerechnet. Was nun tun? Drei Möglichkeiten gibt es: Entweder kann Meister das Thema noch etwas in die Länge ziehen, oder er beendet seine Rede wie geplant – nur eben fünfzehn Minuten früher –, betont das aber nicht besonders, oder er überrascht die Teilnehmer mit dem Abschluss: „Und jetzt, fünfzehn Minuten früher als erwartet, können wir schließen. Aber lassen Sie mich vorher noch einmal die wichtigsten Punkte kurz zusammenfassen. Einverstanden? Gut!"

Zu welcher Lösung würden Sie Meister raten?

3

Der Personaldirektor eines großen Pharmakonzerns spricht vor den leitenden Angestellten seines Unternehmens über das Zwischenergebnis der vor einem Jahr vom Vorstand beschlossenen Personalreduzierung. Seine Rede bereitet er gut vor. Er lobt die leitenden Angestellten für deren Mithilfe bei der Durchsetzung der Maßnahmen und bekommt nach seinen letzten Worten sogar Beifall. Am nächsten Tag spricht der Personaldirektor vor den Betriebsräten des Unternehmens. Er dankt auch ihnen für ihr Verständnis und bittet sie, die Maßnahmen des Vorstandes auch weiterhin nicht zu behindern. Weil seine Abschlussworte vor den Leitenden einen solchen Erfolg hatten, verwendet er sie erneut: „… wenn wir so weitermachen, schaffen wir es." Keine Hand rührt sich. Der Personaldirektor schleicht wie ein geschlagener Hund auf seinen Platz zurück und denkt: „Typisch Betriebsrat. Kein Verständnis für notwendige Maßnahmen für die Zukunft unseres Unternehmens."

Er irrt. Der Fehler liegt ganz allein bei ihm. Er hätte leicht eine positive Reaktion bekommen können, wenn er … Ja, was hätte er anders machen müssen?

4 „Ich möchte, dass die Teilnehmer spüren, dass ich meine Rede frei halte. Ich werde keinen einzigen Satz auswendig lernen, sondern mich von meiner Intuition leiten lassen, Anfang und Ende auch – je nach Stimmung."

Wie finden Sie diese Einstellung? Ist es empfehlenswert, wenn ein Redner sich ganz auf sein Gefühl und seine Erfahrung verlässt und sowohl den Anfang als auch den Abschluss seiner Rede spontan nach der jeweiligen Stimmung der Teilnehmer ausrichtet?

Der wichtigste Teil einer Rede ist der Abschluss. Kein Satz Ihres gesamten Vortrages ist so entscheidend für den Erfolg wie der letzte. Ein schlechter Schluss macht auch die beste Rede kaputt. Mit einem guten Schluss dagegen kann sogar eine mittelmäßige Rede noch gerettet werden. Wie kommt das? Die Antwort ist einfach: Der Abschluss ist der letzte, bleibende Eindruck, den die Teilnehmer behalten. Ihre Teilnehmer müssen nach Ihrem letzten Satz denken: „Das war aber gut." Oder: „Das merke ich mir."

Was für einen richtigen, spannenden Anfang gilt, das gilt auch für einen packenden Abschluss: Probieren Sie einige aus der Liste der fünfzehn verschiedenen Möglichkeiten, die Sie auf den nächsten Seiten finden, aus.

Testen Sie die Wirkung, und wählen Sie danach den für Ihre Rede besten Abschluss. Beim Üben sollten Sie einmal die letzten Sätze probeweise weglassen.

Ist Ihre Rede trotzdem noch ohne Höhepunkte am Ende? Oder haben Sie versehentlich noch neue Gedanken in die letzten Sätze gepackt? In beiden Fällen: ändern!

In den Abschluss keine neuen Gedanken bringen! Sonst haben Sie keinen Abschluss.

Auch andere Fehler werden immer wieder gemacht …

① Immer häufiger hören Redner mit „Vielen Dank" auf. Das ist wirklich das Gedankenloseste. Danken wofür? Wer hat denn eine Leistung erbracht? Sollten es unseligerweise die Zuhörer sein, hilft Ihnen das auch nicht weiter. Es gibt Variationen dieser Unart. Etwa: „Vielen Dank für Ihre Aufmerksamkeit." Oder: „Ich danke Ihnen." Nicht mehr benutzen! Ein guter Redner muss sich am Ende seines Vortrages bei den Teilnehmern für nichts bedanken. Warum tun es so viele?

a) Weil sie es gedankenlos von anderen übernommen haben.
b) Weil ihnen nichts Besseres einfällt.
c) Weil sie glauben, hierdurch eine dankbare Reaktion der Teilnehmer zu erwirken.
d) Weil sie keinen richtigen Schluss finden.
e) Weil es alle so machen.
f) Weil Sie es höflich finden.

„Das wär's!“ ist ein weiterer Schluss ohne Schluss. Ebenso: „Sonst wäre dem nichts hinzuzufügen.“
Dies bedeutet nicht, dass sich der Kommunikator konkret für Leistungen der Teilnehmer bedanken darf. Aber ohne Floskeln (siehe auch Punkt 10, Seite 112).

② Auch das Fischen nach Komplimenten ist weit verbreitet und – als Schluss gefährlich. „Haben Sie aus meiner Rede einige neue Erkenntnisse gezogen?“ Oder: „Ich hoffe, mein Vortrag war für Sie nicht ganz uninteressant.“ Das sind plumpe Versuche, die Teilnehmer zu einer positiven Reaktion zu bewegen. Die provozierte Reaktion kann dann auch negativ ausfallen. Das gilt nicht nur für den Abschluss einer Rede. Das Fischen nach Komplimenten sollte aus allen Teilen eines Vortrages verbannt werden. Es setzt falsche Akzente – und macht einen schlechten Eindruck. Prüfen Sie sich selbst einmal, wenn Sie Teilnehmer sind und ein Redner um Anerkennung, Komplimente und Applaus buhlt.

③ Das Wort „ich“ sollten Sie auch vergessen, wenn Sie über einen guten Abschluss Ihrer Rede nachdenken. Es geht ja nicht um Sie, sondern um die Teilnehmer.

④ Gefährlich ist es, am Ende eines Vortrages die Zuhörer aufzufordern, Fragen zu stellen. Lassen Sie sich nicht dazu verleiten, nur weil das häufig so gemacht wird. Die Fehler anderer sollten nicht Ihr Maßstab sein. Die vielleicht gute Wirkung einer Rede verblasst, wenn sich unmittelbar an das letzte Wort Kritik anschließt, die Sie verwirrt, wenn Sie mit Fragen bombardiert werden oder irgendein Streit vom Zaun gebrochen wird. Oder es kommen keine Fragen, soviel der Redner auch darum bittet. Peinlich, wenn Sie nicht das letzte Wort haben, gibt es für Sie kaum noch Gelegenheit, Dinge „zurechtzurücken“. Und eine Diskussion führt fast automatisch auseinander, nicht zueinander. Besser: Die Zuhörer bereits zu Beginn

Ihrer Rede auffordern, Fragen sofort und laufend zu stellen, wann immer sie sich ergeben! Das ist Kommunikation! Sie bekommen Rückkoppelung (AB), ein Gefühl für die Teilnehmer und deren Einstellung. All das belebt die Atmosphäre. Und man kann Ihnen nicht vorwerfen, Sie hätten die Anwesenden nicht zu Wort kommen lassen. Wenn die Regie es nicht anders zulässt, lassen Sie abschließenden Fragen eine kurze Zusammenfassung Ihrerseits folgen. So können Sie selbst den Abschluss mit packenden oder zweckentsprechenden letzten Sätzen inszenieren.

⑤ Eine mehrfache Ankündigung des Schlusses, der dann immer noch nicht kommt, strapaziert die Nerven der Teilnehmer, die hin- und hergerissen zwischen Hoffnung und Enttäuschung, sogar feindselig werden können. Sollten Sie einen Schluss überhaupt ankündigen? Wenn Sie sicher sein wollen, dass die Teilnehmer ihn mitbekommen, dann ja. Aber schnell zum Ende kommen. Unangekündigt wirkt der Schluss stärker – wenn er wirklich spektakulär ist.

⑥ Da Sie einen positiven Eindruck bei den Teilnehmern hinterlassen wollen, sollten Sie auch mit einem positiven Aspekt schließen. Selbst wenn Sie sich in Ihrem Vortrag mit einem noch so negativen Thema beschäftigt haben, muss der Abschluss Hoffnung machen, die Teilnehmer versöhnlich stimmen, bei ihnen ein positives Echo erzeugen. Katastrophale Absatzrückgänge? Ja, aber der Tenor des Schlusses Ihrer Ausführungen muss sein: „Wir schaffen die Wende." Kein negativer Schluss!

Stellen Sie sich vor: Am Schluss einer Rede über die schlechte wirtschaftliche Lage der Firma würde der Vorstandsvorsitzende sagen: „… So sieht's leider aus. Das wär's." Sie und jeder andere Teilnehmer würden deprimiert den Raum verlassen. Kein positiver Appell, keine Hoffnung, kein verbindender Abschluss. Man fühlt sich allein gelassen. „Viel Erfolg" ist kein Abschluss, sondern eine Floskel. Wer „Das wär's" oder „Viel Erfolg" sagt, schließt ohne Schluss.

⑦ Einige Redner neigen dazu, am Ende ihrer Rede pathetisch auszurufen: „Möge die Zukunft …" Oder: „Möge so etwas nie wieder …" Nicht einmal moderne Pastoren beenden ihre Ansprache heute noch mit einem pathetischen „Möge".

⑧ „Dazu wäre noch mehr zu sagen, aber …" Ja, warum sagt er es dann nicht?! Hat er seine Ausführungen falsch disponiert? Oder will er sich nur zur Geltung bringen?

⑨ „Leider ist die Zeit abgelaufen ...“ Oft verschätzen sich Redner bei der Dauer ihres Vortrages. Sie schauen plötzlich auf die Uhr und stellen fest, dass sie bereits viel zu lange sprechen. Den Redner packt die Panik, die Teilnehmer Unruhe, und der – vielleicht gut geplante – Abschluss wird gekürzt, die Rede überhastet abgebrochen. Es bleibt ein schlechter Eindruck. Vermeiden lässt sich die schlechte Zeitdisposition durch gute Vorbereitung und laufende Zeitkontrolle.

⑩ Kein Schluss. Man überlässt ihn dem Zufall und findet keinen.

Nach diesen Beispielen, wie Sie Ihre Rede nicht (!) beenden sollten, jetzt fünfzehn Methoden für einen guten Abschluss. Aber bedenken Sie bitte, dass jede Rede ihren eigenen, auf das Thema, die Teilnehmer und die Stimmung zugeschneiderten Abschluss braucht. Die Liste zeigt Ihnen einen Fächer von Möglichkeiten. Welche Sie wählen, bleibt Ihre individuelle Aufgabe. Also lieber kapieren als kopieren!

Eine erfolgreiche Rede sollte bereichern, der Schluss die Wirkung verstärken. Die folgenden Beispiele zeigen, wie.

1. „Mit einem Wort“, „Zum Schluss“, „Abschließend“, „Als letzten Punkt“

Mit diesen Worten wird jedem, auch dem zwischendurch unaufmerksamen, Teilnehmer klar: Jetzt kommt der Abschluss. Und dann kommt er – vielleicht am besten mit einem einzigen Satz. Zum Beispiel: „Das war ein phantastisches Geschäftsjahr!“ Oder: „Wir sind die Nummer eins – und das werden wir auch bleiben.“ Oder: „Unser Konzept ist top, auch in der jetzigen Konjunktur.“

2. Zusammenfassung in drei Punkten

Eine kurze Zusammenfassung ist ein guter Abschluss. Sie vermitteln damit Ihren Teilnehmern das Gefühl, dass Ihr Vortrag genau strukturiert und in sich schlüssig war, dass Sie alles Wichtige gesagt haben und nur die entscheidenden Punkte noch einmal ins Gedächtnis rufen. Nebenprodukt: Die Teilnehmer, die nicht alles mitbekommen haben, bekommen jetzt eine zweite Chance. Das ist Service am Teilnehmer. Aber: Nicht mehr als drei Punkte! Führen Sie mehr Punkte auf, verliert die Zusammenfassung an Klarheit und wirkt weniger überzeugend.

1. Beispiel:
„Die drei wichtigsten Punkte unseres Konzeptes: Forschung, marktgesteuerte Entwicklung, Kundennähe!"

2. Beispiel:
„Unsere Produktphilosophie lässt sich also in drei Worten ausdrücken: Sonne, Licht und Luft!"

3. Beispiel:
„Die drei wichtigsten Entscheidungen sind erstens: Wir werden den Markt der allein erziehenden Mütter intensiver bearbeiten. Zweitens: Im Markt der männlichen Junggesellen unsere Stellung halten. Und drittens: Mit allen Mitteln versuchen, den bisher vernachlässigten Markt der älteren Generation für uns zu gewinnen."

3. Ausblick

„Diese entscheidenden Veränderungen werden uns helfen, die Zukunft in den Griff zu kriegen." Den Blick nach vorn und damit auf die Zukunft zu richten unterstreicht die Bedeutung Ihrer Ausführungen. „Und jetzt, ab morgen, behandeln wir unsere Kunden freundlicher." Natürlich sollte der Ausblick positiv und von Optimismus geprägt sein. Dazu noch ein Beispiel: „Wenn wir uns in vier Monaten hier wieder treffen, haben wir schon 30 Prozent der heute vor uns liegenden Aufgabe gelöst."

4. Nutzanwendung

„Mit diesem Hinweis können Sie Folgendes anfangen: …" Die Erwartungen Ihrer Teilnehmer sind der Kernpunkt Ihrer Kommunikation. Die Teilnehmer wollen wissen, welche Konsequenzen das Gesagte für sie hat. „Mit diesen Hilfen können wir schon morgen darangehen, unsere Auftragsabwicklung wesentlich zu vereinfachen." Welchen Nutzen habe ich davon? fragen sich die

Teilnehmer – und als guter Kommunikator sagen Sie es ihnen zum Abschluss noch einmal: „10 Prozent Produktivitätssteigerung – das bedeutet für Sie für das nächste Jahr: sichere Arbeitsplätze, höheres Einkommen und soziale Sicherheit." Damit verlegen Sie Ihre Ausführungen auch von einer reinen Sachebene auf ein höheres, motivierendes Niveau.

5. Redeanfang benutzen

„Am Anfang entschieden wir, dass wir unsere Strategie ändern müssen – und wir haben nicht nur eine neue Strategie gefunden, sondern auch schon den ersten Schritt für ihre praktische Anwendung getan." Eine elegante Art, eine Rede abzuschließen, ist – den Redeanfang zu benutzen. Sie binden eine Schleife vom Schluss Ihres Vortrags zum Anfang. Der Marketingchef eines Brillenherstellers vor den Einkäufern einer Kaufhauskette: „Zu Beginn wurden Sie gefragt, ob Sie wissen, dass jeder vierte Mensch kurzsichtig ist. Inzwischen wissen Sie es. Und Sie wissen jetzt auch, dass jeder zweite Optiker auf eine andere Art kurzsichtig ist. Das ist Ihre Chance. Nutzen Sie sie!" – „Am Anfang steht immer, wie auch hier, ein Entschluss. Sie haben ihn bejaht. Jetzt müssen wir darangehen, ihn zu verwirklichen", sagt der Fertigungsleiter seinen Technikern.

6. Umgekehrtes oder wiederholtes V3: Verlagertes Vorteilsversprechen zum Schluss

„Zehn neue Ideen hatten wir Ihnen versprochen. Zehn neue Ideen haben Sie gehört. Wenn Sie nur drei davon einsetzen, hat es sich für uns alle gelohnt", schließt der Chef einer Marketingagentur seinen Vortrag vor seinen Mitarbeitern. Dies ist ein guter Abschluss, der auf das fesselnde Vorteilsversprechen am Anfang der Rede zurückgreift und es damit einlöst. Die Motivation der Teilnehmer wird damit erneut angesprochen. „Und die abschließende positive Feststellung ist: Das ist der richtige Weg. Sie brauchen nur das zu tun, was Sie hier in zwei Stunden erarbeitet haben."

7. Aufforderung (Appell)

„Wir können unsere Unternehmensposition weiter ausbauen. Dazu muss jetzt jeder das tun, was wir beschlossen haben. Also, lassen Sie uns gleich anfangen." Gute Kommunikatoren, die ihre Teilnehmer mitreißen können, wählen als Abschluss, für eine spontane Zustimmung oder Aktion, Sätze mit deutlichem

Aufforderungscharakter. Politiker tun das vor Wahlen: „… es gibt also keine Alternative: Wählen Sie uns.“ – „… deswegen: Lassen Sie es uns anpacken!“ – „Vom bloßen Verstehen der Lage kommt nichts. Wir müssen handeln.“

8. Überraschender Schluss

Während einer Pressereise durch Fernost überraschte der Chef eines großen Computerunternehmens die Journalisten am Ende seiner Rede mit den Worten: „Zum Schluss noch eine bemerkenswerte Nachricht für Sie: Wir haben vor einer Stunde einen Großauftrag über fünfzig Millionen Euro an Land gezogen, gegen amerikanische Konkurrenz. Und Sie sind die ersten, die davon erfahren.“ Solche überraschenden Schlüsse sind meistens gut inszeniert und machen sich als Schlusspunkt ausgezeichnet. Ein überraschender Abschluss kann als dramaturgischer Höhepunkt helfen, auch eine mittelmäßige Rede erheblich aufzuwerten. So sind auch die Teilnehmer einer Veranstaltung bestimmt freudig überrascht, wenn der Redner plötzlich sagt: „Und jetzt, zehn Minuten früher als erwartet, können wir schließen. Aber erst schlagen Sie bitte kurz noch einmal die letzte Seite Ihrer Mappe auf. Sind Sie mit diesen einfachen Maßnahmen einverstanden? Ja? Fein.“

9. Erfolgsgefühl vermitteln, gemeinsame Leistung ansprechen

„In dieser Sitzung haben wir mehr brauchbare Ideen gefunden als jemals zuvor. Wir können wirklich mit uns zufrieden sein.“ Die Brücke zu den Teilnehmern schlagen Sie leicht über gemeinsame Leistungen. Mit dem „Wir-sitzen-alle-in-einem-Boot“-Gefühl sollten Sie allerdings vorsichtig umgehen. Nicht zu platt und nicht zu kumpelhaft. Und nur eine Gemeinsamkeit ansprechen, die wirklich vorhanden ist. Ein weiterer guter Abschluss ist es, Erfolge der Sitzung als Erfolge der gesamten Gruppe herauszustellen: „Wir haben es heute in drei Stunden gemeinsam geschafft, ein völlig neues Budget zu erstellen, das unsere Kosten um 10 Prozent senkt. Das ist echte Kreativität.“

10. Echter Dank (für Einsatz)

Zum Schluss können Sie auch einen Dank aussprechen – aber nicht fürs Zuhören, sondern für tatsächliche Leistungen der Teilnehmer: „Zum Schluss recht herzlichen Dank für Ihre Beiträge, Ihre Ideen – und vor allem für Ihre

Einsatzbereitschaft." Sie können auch einen Schritt weitergehen und für zurückliegende Leistungen loben. Wenn eine Abteilung im letzten Quartal ganz besonders viel Einsatz gezeigt und erfolgreich gearbeitet hat, können Sie sie vor allen Teilnehmern herausstellen: „Vielen Dank für Ihren großen Einsatz, Ihre außergewöhnliche Leistung und Ihr großartiges Ergebnis." Ein solcher letzter Satz bleibt haften.

11. „Noch ein letzter Gedanke ..."

In den letzten Sätzen einer Rede sollten Sie keine neuen Gedanken bringen! Wenn Sie es aber doch tun wollen – vielleicht weil die Fragen der Teilnehmer Ihnen gezeigt haben, dass Sie einen Punkt vernachlässigt haben, oder weil Sie, wie ein PS in einem Schreiben, einen Gedanken besonders herausstellen wollen –, dann unterstreichen Sie ihn besonders: „Noch ein letzter Gedanke. Lassen Sie sich ..." Damit können Sie jetzt noch einmal Wirkung erzielen. „Und noch ein letzter Vorschlag: Fangen Sie mit Ihrem Aktionsprogramm schon morgen an, am ersten Tag Ihres zukünftigen beruflichen Lebens."

12. Primärappelle – Gefühl anstatt Verstand ansprechen

Kopf oder Bauch? Verstand oder Gefühl? Was lässt sich leichter ansprechen? Teilnehmer reagieren immer schneller und andauernder auf die Ansprache von Emotionen als auf vernunftbetonte Argumente. Ein guter Redner nutzt das, indem er einen emotionalen Abschluss wählt: „Wir können erfolgreich sein, unsere Ziele erreichen, mehr schaffen, als wir je erhofft haben. Gewinn ist nicht nur geschäftlicher Nutzen, sondern echte Selbstbestätigung." Vergleichen Sie hinsichtlich der Primärmotive Kapitel 12.

13. Kraftkonzentration, Höhepunkt, Steigerung, Tempo drosseln oder ändern, nicht nüchtern oder trocken, sondern „crescendo"

Der Abschluss Ihrer Rede muss eine Steigerung sein. Er muss sich von den übrigen Teilen der Rede, vor allem im Ausdruck, unterscheiden. Der Abschluss muss die Glanznummer Ihres Auftritts sein, der dramaturgische Höhepunkt. Daher Stimme vorher senken, Ihre Kraftreserven mobilisieren, Ihre ganze Überzeugung in die Waagschale werfen, Ausdruck intensivieren. Und daran denken: Besonders im letzten Satz Ihre Stimme nicht senken, sonst geht die halbe Wirkung verloren.

14. „Wir" plus Primärappelle

Der Schluss sollte mit Gemeinsamkeit enden. Daher ist „wir" besser als „Sie". Ein Beispiel: „Jetzt sind wir ganz oben. Bleiben wir dort. Das tut uns allen gut." Die Liste der Primärappelle im Kapitel 12 zeigt Ihnen die Vielfalt der Möglichkeiten.

15. Liste guter Eröffnungen benutzen

Blättern Sie noch einmal zurück! Im vorangegangenen Kapitel über gute Eröffnungen werden Sie mehrere finden, die Sie auch für einen guten Abschluss verwenden können.

Wenn Sie Ihren Abschluss getestet und dabei festgestellt haben, dass er wirklich optimal ist, dann lernen Sie die letzten, für die Wirkung Ihrer gesamten Rede entscheidenden Sätze auswendig. Sie müssen perfekt sein. Für den ersten und den letzten Satz Ihrer Rede gilt – aber nur für diese:

Auswendig lernen!

Noch einmal: Der Abschluss ist der Höhepunkt Ihrer Rede, Ihr Endspurt. Planen Sie ihn gut, und üben Sie ihn ein. Der letzte Satz muss „sitzen". Und er muss bleiben. Er ist der letzte Eindruck, den Sie Ihren Teilnehmern mitgeben.

Und jetzt werden Sie auch die vier Fragen und die vier Probleme lösen können, die am Kapitelanfang beschrieben wurden!

Erfolgsrezepte aus kürzlich erlebter Praxis:

1. Bei der Vorbereitung kommt der Schluss häufig zu kurz.
2. Beobachtung: Von 10 Abschlussformulierungen sind bestenfalls knappe drei einigermaßen sinnvoll, aber höchstens einer ein wirklicher Höhepunkt. Hier können Sie Ihre Kollegen wirklich ausstechen.
3. Unruhe im Saal auffangen. Kurze Pause (Unterbrechung, ca. 10 Sekunden), dann intensiv durchziehen.

8

Organisationsgrundregeln beachten – besonders bei großen Gruppen

Können Sie diese vier Fragen beantworten?

1 *Kann mangelnde Organisation zu einem Kommunikationsfiasko führen?*

2 *Kann die Sitzordnung eine entscheidende Bedeutung haben?*

3 *Was tue ich bei einer kleinen Teilnehmerzahl in einem großen Raum?*

4 *Welche logistischen und kommunikativen Punkte müssen berücksichtigt werden, um einen einwandfreien Ablauf einer Veranstaltung zu sichern – besonders bei großen Gruppen?*

Können Sie diese vier Probleme lösen?

1 Ilse Bernhard, Unternehmensberaterin, muss einen Fachvortrag vor einer Gruppe von Firmenchefs in Stockholm halten. Man legt ihr nahe, Englisch zu sprechen, das die Teilnehmer besser Englisch als Deutsch verstehen. Obwohl sie ein gutes Englisch spricht, zögert sie, denn sie kann sich hierin natürlich nicht so unbelastet wie in ihrer Muttersprache ausdrücken. Sie fragt, ob man sie nicht von Deutsch auf Schwedisch übersetzen kann, womit ihrer Meinung nach allen gedient wäre.

Was meinen Sie? Frau Bernhard weiß nichts über die Anzahl der Teilnehmer und die Zusammensetzung der Gruppe, kennt deren Erwartungen nicht, weiß nicht, wie viele Deutsch sprechen, ob eine Übersetzung vorgesehen oder möglich ist. Was soll sie tun? Ist Englisch die Lösung? Frau Bernhards Englisch ist gerade ausreichend/eher weniger gut als das Ihrer Zuhörer.

2 Zwei Referenten diskutieren, ob sie Unterlagen vor oder nach der Veranstaltung verteilen sollen. Für beide Möglichkeiten gibt es gute Argumente. Einer der Referenten entscheidet sich dafür, den Teilnehmern die Unterlagen vor seiner Rede auszuhändigen. Der zweite verteilt seine Unterlagen erst nach der Rede. Beide Referenten haben einen mittelmäßigen Erfolg. Beim ersten Referenten verstehen die Teilnehmer den Vortrag zwar gut und leicht, sind aber nicht sonderlich gefesselt. Der zweite Referent wirkt rhetorisch stark. Die Teilnehmer verstehen ihn, doch es bleibt nicht genügend bei ihnen haften.

Welche der beiden Lösungen ist nach Ihrer Meinung die richtigere? Gibt es auch eine dritte Lösung?

3 Im Rahmen eines großen Kongresses findet eine Veranstaltung im Restaurant statt. Der Saal ist leicht verdunkelt. Auf einem großen Bildschirm erscheinen laufend aktuelle Werbespots. Dann werden Grußbotschaften von abwesenden Vorstandsmitgliedern verlesen. Unmittelbar nach dem Essen ergreifen mehrere Redner – begleitet von Hintergrundmusik –, die alle auf dem Podium sitzen, von dort das Wort. Einer versucht es mit leicht unterkühlter Ironie. Ein weiterer mit philosophischem Tiefgang. Während der Referate räumen die Kellner ab. Hin und wieder werden anscheinend wichtige telefonische Durchsagen gemacht.

Listen Sie einmal auf, welche Fehler hier gemacht wurden! Haben Sie alle zwölf gefunden?

4

Günther Samel hat alles bestens vorbereitet. Er hat seine Rede eingeübt, viel Zeit auf Inhalt und Form gelegt, hat mehrere Pflanzen als Anschauungsmaterial seines Vortrags über die Flora und Fauna des Heimatortes mit in den Gemeindesaal gebracht und für die Vorführung seiner Fotos einen Diaprojektor organisiert. Er probiert ihn auch vorher aus, und das Gerät funktioniert. Was bei der Generalprobe noch in Ordnung ist, fällt während der Premiere prompt aus: Mit einem lauten Knall platzt die Glühbirne des Projektors – und keine Ersatzbirne weit und breit. Der Vortrag muss mehrfach unterbrochen und schließlich gekürzt werden. Ob die 200 Teilnehmer noch einmal wiederkommen, steht in den Sternen.

Was lehrt uns das? Abgesehen von einer verfügbaren Reservebirne.

Sir R. St. F. Baden-Powell, der Gründer der weltweiten Pfadfinderorganisation, war berühmt für seinen Wahlspruch: „Be prepared", abgekürzt „BP". Vorbereitet sein, bereit sein, das war für den Mann, der die Pfadfinderidee 1907 institutionalisierte, das Wichtigste. Dies sollte auch für einen guten Kommunikator Pflicht sein. Dazu gehört auch die praktische Organisation. Wenn die nicht stimmt, stimmt nichts mehr, und Sie gehen als Redner „baden". Denn:

Organisatorische Mängel, auch Kleinigkeiten, können die beste Rede zerstören!

Viele Redner sind schon an „Kleinigkeiten" gescheitert. Die Leiterin einer internationalen Werbeagentur vergaß vor ihrer Präsentation bei einem Großkunden, das Mikrofon zu testen. Während ihrer Rede vibrierte das Gerät so stark, dass ihre Stimme völlig verzerrt klang und sekundenlang gar nicht zu hören war. Obwohl ein Techniker des Hauses sofort versuchte, die Panne zu beheben, war die Dame so aus dem Tritt gekommen, dass sie den Faden verlor, alle guten Vorsätze vergaß und wie eine unsichere Anfängerin den Vortrag beendete. Zusätzlich war ihr noch zu Bewusstsein gekommen, dass die kleinen Folien mit allen wichtigen Zahlen nicht zu lesen waren. Sie hatte ihre Präsentation „geschmissen". Jeder zeigte freundliches Verständnis für die Pannen und die dadurch verursachte Verunsicherung, unterschrieben hat der Großkunde aber bei einer anderen Agentur.

Was lernen Sie daraus? Wenn Sie Hilfsmittel benutzen wollen (oder müssen) – testen Sie sie vorher! Nicht einmal. Mindestens zweimal. Und immer einen Techniker während Ihrer Präsentation dabeihaben. Wählen Sie ein Ansteck- oder Umhängemikrofon aus. – Wollen Sie etwas über Mikrofontechnik erfahren? Sie brauchen keine. Nicht Sie müssen sich der Technik anpassen, sondern die Technik sich Ihnen. Achten Sie nur darauf, dass es nicht zu leise eingestellt ist. Bedenken Sie auch: Ein leerer Raum hat eine trügerisch bessere Akustik als ein vollbesetzter. Strengen Sie Ihre Stimme nicht unnötig an. Im Zweifelsfall immer „mit"-sprechen. Das zitierte Beispiel war nur eine „Kostprobe". Es gibt unzählige Anekdoten über Redner, die über organisatorische Mängel gestolpert – und nicht mehr „aufgestanden" sind. Vorbeugen ist bekanntlich besser, als erst auf den Bauch zu fallen. Wenn Sie die folgenden Grundregeln beachten, kann Ihnen nach menschlichem Ermessen organisatorisch kann etwas passieren, was Ihre Rede gefährdet. Und natürlich können Sie mehrere dieser Maßnahmen delegieren. Aber mit Ihren Instruktionen. Was anderen genehm ist („Hier hat schon der Herr Bundeskanzler gesprochen, und der fand diese Anordnung großartig"), kann Sie ernsthaft stören. Die Organisation muss für Sie stimmen.

Die praktische Organisation

1. Kontrollliste zur Absicherung benutzen

Erstellen Sie vor jeder Rede eine Kontrollliste (auf den Seiten 131 bis 134) finden Sie ein Beispiel für größere Veranstaltungen), und überprüfen Sie „vor Ort" Punkt für Punkt. Es sind alles „Kleinigkeiten", aber der Teufel steckt ja bekanntlich im Detail. Es beginnt mit den Ausmaßen der Podiumsfläche, geht über die verschiedenen technischen Einrichtungen und reicht bis zur Sitzordnung der Teilnehmer. Unterschätzen Sie sie nicht – sie könnten Ihren „Ab-", auch wenn nicht gerade Ihren „Untergang" bedeuten.

2. Wahl des Raumes

Nehmen Sie Einfluss auf die Gestaltung Ihres „Spielfeldes"! Sie sind der Redner, die Hauptperson. Ihr Anliegen ist eine erfolgreiche Kommunikation. Selbst wenn der Veranstalter den Raum ausgesucht hat – wenn die Akustik schlecht ist, die Tische falsch stehen (zum Beispiel mit Kurzseite nach vorn) und auch die Lichtverhältnisse besser sein könnten, dann müssen Sie das ändern. Kontrollieren Sie die räumlichen Verhältnisse frühzeitig, und packen Sie möglicherweise selbst zu, wenn keine Hilfskräfte verfügbar sind. Kleine Säle sind besser als große (sie ermöglichen Tuchfühlung), Tageslicht ist besser als künstliche Beleuchtung (es ermüdet weniger). Wie verhält es sich mit Geräuschen von außen (Verkehr oder störender Musiklärm)? Gibt es sichtverhindernde Säulen? Wie arbeitet die Klimaanlage? Und wählen Sie auf keinen Fall Kino- oder Theatersäle – sie sind zu bequem, gedämpft und zu dunkel.

3. Rahmen, „Klima"

Die Atmosphäre in Ihrem Umfeld trägt auch zum Erfolg oder Misserfolg bei. Wenn Sie Teilnehmer einer Veranstaltung zu einer Demonstration gegen Umweltzerstörung aufrufen wollen, sollten Sie die Veranstaltung nicht gerade im Herrenclub oder im Nobelhotel des Ortes abhalten. Genauso wenig wie Ihre Jubiläumsveranstaltung in einem Schulsaal stattfinden sollte. Restaurants sind bestenfalls für Tischreden geeignet. Achten Sie auch auf akustische Störungen, z.B. aus den Nachbarsälen oder von der Straße. Sorgen Sie auch dafür, dass das „Klima" stimmt, die Teilnehmer nicht von einem anderen Vortrag zu Ihnen gehetzt kommen oder von einer vorherigen Diskussion noch einen roten Kopf haben, während Sie bereits auf dem Podium stehen und ein völlig anderes Thema ansprechen wollen. Blumen schaffen Atmosphäre. Bilder, Transparente, Fotomontagen, Ausstellungsgegenstände sowie kleine Geschenke auf den Plätzen ebenso.

4. Sitzordnung

Platzierung, Präsidium, Gäste, Teilnehmergruppierungen. Auch das muss organisiert werden. Überlassen Sie es – etwas bei einer Diskussion – niemals dem Zufall, wo Ihre Anhänger sitzen und wo Ihre potentiellen Gegner. Teilen Sie das „Spielfeld" nach Ihren Wünschen ein. Sonst passiert es Ihnen, dass in den ersten Reihen die unwichtigen Teilnehmer sitzen und Ihre besonderen Gäste stehen müssen. Wenn der Raum zu groß gewählt worden war und statt zweihundert nur fünfzig Teilnehmer erschienen sind, veranlassen Sie sie, sich ganz nach vorne in die ersten Reihen zu setzen. Dann wirken die wenigen Teilnehmer nicht ganz so verloren im großen Raum. Das Präsidium auf der Bühne ist eine Unsitte geworden – sie schmeichelt nur dem Geltungsbedürfnis der Betreffenden (die Plätze in der ersten Reihe tun es auch, sie stören nur weniger). Ehrengäste: Es kommen weniger als erwartet – und leere Plätze vorn wirken peinlich. Reservieren Sie also keine Plätze, sondern stellen Sie besser für jeden Ehrengast einen Sessel bei Ankunft bereit. Und wie sieht es mit der öffentlichen Begrüßung aus? Einen wirklich herausragenden Ehrengast sollten Sie schon namentlich willkommen heißen, nicht jedoch ein Dutzend. Denn: Wo fangen Sie an? Wo hören Sie auf? Das kann Sie Sympathien kosten. Eine freundliche, pauschale Begrüßung ist weniger riskant – und weniger zeitraubend. Eine gute Lösung: „Mit Ihnen, Herr Minister, begrüßen wir alle unsere heutigen Ehrengäste."

5. Hilfsmittel

Sprechanlage, Illustrationsmaterial – auf Lesbarkeit prüfen! –, Podium, Pult und Beamer für die PowerPoint-Präsentation usw. Alles (nochmals) kontrollieren! Und immer Ersatzbirnen und Ersatzfolien, Ersatzstifte und Ersatzprojektoren dabeihaben. Man weiß nie! Um erfolgreich zu kommunizieren, brauchen Sie Hilfsmittel. Aber die richtigen. Kennen Sie folgende Situation? Der Redner hat eine Folie aufgelegt und will etwas darauf zeigen. Dazu stellt er sich vor die Leinwand, spreizt die Finger und verdeckt einen Teil der Illustration, steht vielleicht sogar mit dem Rücken zu den Teilnehmern. Zweites Beispiel: Die Folie, auf der Sie den Umsatzrückgang zeigen, muss auch von der letzten Reihe aus lesbar sein. Für die Größe der Buchstaben gibt es eine Faustregel: Bis zu zehn Metern Entfernung müssen die Buchstaben mindestens fünf Millimeter groß sein. Sitzen die Teilnehmer zehn bis fünfzehn Meter entfernt, zehn Millimeter, bei fünfzehn bis zwanzig Metern Entfernung fünfzehn Millimeter, bei zwanzig bis fünfundzwanzig Metern zwanzig Millimeter, und wenn Ihre Teilnehmer sogar bis zu dreißig Metern entfernt sitzen, müssen Ihre Buchstaben mindestens fünfundzwanzig Millimeter groß sein. Für den Einsatz der Hilfsmittel gilt:

- Nur für alle erkennbares Material verwenden!
- Sehr gut vorbereiten!
- Alles griffbereit haben (nummerieren)!
- Richtig demonstrieren!
- Illustrationen, Schaubilder, Dias, PowerPoint-Präsentationen durch Fachleute erstellen lassen (Text allein genügt nicht)!
- Teilnehmer einbeziehen („Können Sie das hier lesen?", „Können Sie mitschreiben?")!

6. Beleuchtung und Luftprobleme

Abdunkeln können Sie den Raum nicht, denn die Teilnehmer wollen mitschreiben, sollen mitmachen, dürfen nicht aus den Augen gelassen werden. Auch wenn die Dias nicht so brillant aussehen – volles Licht belassen. Ist die Beleuchtung nämlich zu dämmrig, schlafen Ihnen die Teilnehmer ein. Blendet es, erzeugen Sie Ermüdung – die Augen beginnen zu tränen, und Sie und die Teilnehmer bekommen Kopfschmerzen. Also kontrollieren. Wie ist die Luft? Lüften Sie noch einmal kurz vor Ihrem Vortrag. Bei dicker Luft funktioniert keine noch so Erfolg versprechende Kommunikation.

7. Kleidung

Gibt es eine Kleiderordnung? Das müssen Sie vorher in Erfahrung bringen. Stellen Sie sich vor, Sie sollen im Hamburger „Nobelhotel Atlantic“ vor Bankern sprechen, und in der Einladung wird um Abendanzug gebeten – und Sie erscheinen in einem luftigen Sommerjackett. Vielleicht kommen Sie nicht einmal hinein – als Hauptredner der Veranstaltung. Noch etwas: Nicht nur Fernsehansager müssen auf den Hintergrund im Studio achten, auch jeder Redner auf dem Podium sollte es tun. Sie sprechen auf einer Hauptversammlung vor dreitausend Teilnehmern. Die Wand hinter dem Rednerpult ist dunkelblau – Ihr Anzug auch. Glauben Sie, dass Teilnehmer ab der dritten Reihe Sie visuell noch wahrnehmen? Ergo: Eine höhere Aufmerksamkeit erreichen Sie, wenn Sie sich vom Hintergrund optisch abheben.

8. Zeitplan, Ablauf, Pausen, Verpflegung, Rauchen

All das muss genau im Programm angegeben werden. Wenn Sie beispielsweise als Vorstandsvorsitzender auf einer Aktionärsversammlung Ihren Kapitalgebern schlechte Nachrichten überbringen müssen, warten Sie damit möglichst bis nach dem Essen und – lassen Sie gutes Essen und hochwertige Getränke servieren. Das beruhigt die Gemüter. Sie können auch während einer Veranstaltung in Ihrer Fabrik eine kalte Platte anbieten. Wer den Mund voll hat, schimpft weniger laut – und wer einen satten Magen hat, revoltiert nicht. Last, not least: Zu Ihrer Organisation gehören selbstverständlich genügend Pausen, auch im Hinblick auf die Raucher. Denn falls Sie ein Rauchverbot veranlassen (heute durchaus annehmbar), so werden die Raucher spätestens nach einer Stunde unruhig und – unaufmerksam.

9. Themendisposition

Wenn Sie es ermöglichen können (und das können Sie in neun von zehn Fällen), sollten Sie nicht um die Mittagszeit reden. Gegen 14.00 Uhr ist die Konzentrationsfähigkeit besonders niedrig. Versuchen Sie daher, der Erste zu sein. Dann haben Sie es hinter sich, riskieren keine Wiederholungen oder Folgewirkungen schlechter Vorredner. Je später Sie dran sind, desto schwerer haben Sie es.

10. Weitere Punkte

Zum Beispiel: Trinken Sie nicht laufend während Ihrer Rede! Sonst kann Ihnen passieren, dass ein Teilnehmer „Prost“ ruft – und Sie haben die Lacher gegen sich. Oder zum Beispiel: Sie schlucken hörbar. Auch nicht sehr angenehm. Auf gar keinen Fall: rauchen während der Rede! Auch nicht bei informellen Anlässen. Das macht Sie unsympathisch. Zum Beispiel: Zeichensprache mit Ihrem Assistenten verabreden (über Zeitablauf, Regie, Hinweise). Zum Beispiel: Rednerpult mitbringen. Ein Manuskript auf einer Tischplatte verhindert Blickkontakt. Beachten Sie daher die Kontrollliste und diese zehn Hinweise. Das kostet Zeit, aber wenn Sie es nicht tun, kostet es Ihre Nerven. „Kleinigkeiten“ können die beste Rede zerstören.

Noch ein Wort zur Übersetzung bei Reden im Ausland oder vor ausländischen Gästen. Sie empfinden die Fremdsprache als ein bedeutendes Hindernis. Das sollten Sie nicht. Sie ermöglicht Ihnen drei Vorteile:

- Sie gewinnen automatisch an Sympathie.
- Sie werden sich betont einfach ausdrücken – weil Sie es erklärlicherweise nicht anders können.
- Man wird Ihnen bei Schwierigkeiten bereitwillig helfen, so dass Sie spontane AB – Aktive Beteiligung – erwirken.

Wenn Sie einen Ausdruck nicht finden, fragen Sie. Es gibt Redner, die aus einem Sprachhandicap bewusst Sympathie- und Kontaktvorteile ziehen. Auch in einer völlig fremden Sprache können Sie einige Ausdrücke auswendig lernen und sie am Anfang einbringen. Übersetzungen und Dolmetscher sind immer ein Nachteil – wenn auch manchmal unvermeidbar. Achtung: Findet keine Simultanübersetzung, sondern Sukzessivübersetzung statt, verlieren Sie – mindestens – die Hälfte Ihrer Redezeit. Stimmen Sie auf jeden Fall Ihre Rede – besonders Spezialausdrücke – mit den Dolmetschern ab.

Und zum Thema Unterlagenverteilung (bei Sachvorträgen):

1. Vorher, wenn Verstehen wichtiger ist als Wirkung.
2. Nachher, wenn Wirkung Ihres Auftritts wichtiger ist als genaue Stoffaufnahme.
3. Während des Referates, wenn Sie beide Formen miteinander verbinden können und außerdem eine Wirkung durch Abwechslung erwünscht ist. Bei den zwei letztgenannten Vorgehensweisen sind Sie flexibler, können auslassen und korrigieren.

Und jetzt – „keine Angst vor großen Tieren"; oder wie man mit großen Gruppen kommuniziert.

Ja, im Prinzip nicht anders als mit kleinen. Es müssen eben nur alle Ausdrucksmittel verstärkt werden. Ihr Haupthindernis liegt nicht in der großen Gruppe, sondern in ihrem eigenen Kopf. Die anwesende (häufig anonyme) Menge Menschen beeindruckt Sie, Sie werden vorsichtig, förmlich und nehmen sich zurück – das bringt Sie schon auf die Verliererstraße. Dabei sind große Gruppen dankbar für Dynamik, Originalität, Unterhaltung (aber nicht für intellektuellen Humor, subtile Spitzfindigkeiten, unterkühlte Ironie – das geht unter oder stößt ab).

Zum Inhalt noch ein paar Hinweise. Wiederholen Sie wichtige Punkte, zitieren Sie viele Beispiele, ziehen Sie Schlussfolgerungen selbst (nicht dem Auditorium überlassen). Nicht „überfüttern". Auf Ermüdungserscheinungen besonders achten.

Gruppe sofort aktivieren. „Ja-Nein"-Antworten, Handzeichen, aufstehen (lassen), besondere Teilnehmer einbeziehen, Beifall für Leistungen (außer der Ihrigen) erwirken, Aufgaben (Quiz, Denksport, Befragung usw.) geben – dies alles aktiviert, engagiert, belebt. Und hier noch einmal das Wichtigste in zehn Grundregeln zusammengefasst.

Zehn Regeln, um mit großen Gruppen erfolgreich zu kommunizieren:

1.1 Materielle Organisation genauestens planen und kontrollieren – alles muss stimmen, wie z.B. Sitzordnung, Akustik, Licht, Luft usw. Nichts dem Zufall überlassen.
1.2 Assistenz laufend verfügbar – für alle Fälle immer bereit einzuspringen.
2. Verstärkung aller Einsätze – vorsichtige, unterkühlte, statische, leise Vortragsweise geht unter.
3. EMMA im Voraus genau ermitteln – Gruppendynamik beachten. Wer sind die Mehrzahl der Teilnehmer? Wer sind die Leitfiguren?
4. Kontaktrevier erweitern – Blickkontakte im Raum suchen. Alle Anwesenden sollen erreicht werden.
5. AB (Dialog) von Anfang an anstreben – das gibt Ihnen Schwung und Sicherheit.
6. Gruppenkontakte herstellen – miteinander reden, arbeiten und sich unterhalten lassen.
7. KUSS noch stärker berücksichtigen – Teilnehmer nicht überfordern. Große Gruppen sind begrenzt aufnahmefähig. Extrem vereinfachen.
8. Klare Aussagen – „Flagge zeigen" und deutlich Stellung beziehen.
9. Spektakuläre, unterhaltende Einsätze planen – große Gruppen brauchen Unterhaltung, Spaß und Spannung.
10. Selbstbewusstsein, Dominanz und Ausstrahlung zeigen – betonen Sie Ihren Willen zur Kommunikation.

Und jetzt können Sie wohl auch die vier einleitenden Fragen beantworten und die vier Organisationsprobleme lösen?

Glauben Sie es jetzt? Organisatorische „Kleinigkeiten" können Ihre gesamte Rede zerstören. Also: Neben Inhalt und Form Ihres Vortrages sollten Sie sich um die Organisation kümmern. Das ist lästig – aber absolut notwen-

dig. Und keine Angst vor großen Gruppen. Alle Einsätze verstärken. Inhalt und Darstellung vereinfachen.

Erfolgsrezepte aus kürzlich erlebter Praxis:

1. Visuelle Hilfsmittel nicht übertreiben. PowerPoint-Effekte können verwirren und/oder ermüden.
2. Ungünstige organisatorische Umstände oder Hindernisse nicht einfach hinnehmen. Eingreifen!
3. Suchen Sie alle Chancen, vor oder mit großen Gruppen zu reden. Erarbeiten Sie sich mehr Sicherheit. Und: keine Angst vor „großen Tieren“. Das eigentliche Hindernis entsteht in unserem Kopf.

Kontrollliste für größere Vorträge	
Podium	❍ Fläche: 2 bis 3 Quadratmeter, ❍ 30 bis 60 Zentimeter hoch, ❍ vorzugsweise mit Teppich bespannt;
Rednerpult	❍ ein Aufsetzpult auf fester Tischfläche – besser als Stehpodium, in guter Lesehöhe (die schiefe Ebene mit einer Kante versehen, damit Ihre Unterlagen nicht verrutschen können), ❍ unteren Teil des Tisches mit Stoff verdecken, um Sicht auf die Beine des Redners zu verdecken, ❍ ohne Lampe – blendet (dafür aber gute Saalbeleuchtung);
Hellraumprojektor	❍ mit Folienrolle (darauf achten, dass diese sauber ist und nicht während des Ablaufs der Tagung ausgeht) – besser als lose Folien, ❍ rechts vom Pult stellen (prüfen, ob geräuschlos und richtige Bildschärfe und –fläche), ❍ zehn bis fünfzehn Reservestifte, ❍ eine zusätzliche Reserverolle;

Beamer für PowerPoint-Präsentationen	❍ kontrollieren (Sehschärfe)
Bildwand	❍ vorbereitete Folien auf Sichtgröße prüfen, ❍ hinter dem Redner aufgestellt (prüfen, dass die Sicht auch in den letzten Reihen einwandfrei ist), ❍ Bildfläche des Projektorschreibers in der Mitte der Leinwand, ❍ Saal nicht verdunkeln, auch wenn das Bild nicht ganz so prägnant wird;
Tisch	❍ fest, 50 bis 60 Zentimeter hinter dem Rednerpult aufstellen, damit Sie sich daran anlehnen können (dient auch als Ablage);
Mikrofon	❍ drahtloses Ansteckmikrofon, um Ihnen Bewegungsfreiheit zu ermöglichen (sonst Umhängemikrofon mit etwa sechs Meter Kabel);
Techniker	❍ sollte ständig anwesend sein, um eventuelle Pannen oder Störungen beheben zu können;

Assistent	❍ ebenfalls. Kann auch Kollege, Sekretärin oder ein Freund sein – (auch für etwaige andere Pannen oder Störungen);
Beleuchtung	❍ ein Maximum an natürlicher Beleuchtung, besonders Rednerplatz stark erhellen (ohne Redner zu blenden);
Temperatur	❍ zwischen 16 und 18 °C, Saal erwärmt sich automatisch, ❍ während jeder Pause Fenster öffnen, um frische Luftzufuhr zu ermöglichen;
Rauchverbot	❍ freundliche Schilder vor dem Saaleingang anbringen und dort (nur dort) Aschenbecher aufstellen;
Klingel oder Gong	❍ um das Ende der Pausen anzuzeigen;
Fragekasten	❍ gut sichtbar aufstellen und mit Aufschrift versehen – für etwaige schriftliche Fragen bei einer längeren Präsentation;
Erholungsraum	❍ um Ihnen zu ermöglichen, sich während der Pausen zurückzuziehen;

Türen	❍ stets überwachen lassen, um Störungen (Rein- und Rausgehen) zu vermeiden;
Telefonische Anrufe	❍ Sitzung nicht unterbrechen, sondern Mitteilungen Teilnehmern während der Pausen durch Hinweis am Eingang des Saales anzeigen;
Erfrischungen	❍ (alkoholfreie) Bar oder Kaffeeausschank einrichten, um rasche Bedienung der Teilnehmer zu ermöglichen und zu gewährleisten, ❍ Pausen genau einhalten, auch um die Bedienung zu erleichtern;
Sitzordnung	❍ die Teilnehmer so eng und so nahe wie möglich zum Rednerpult setzen, ❍ möglichst Breite (nicht Tiefe) des Saales nutzen, ❍ Grätenform mit Tischen (keine weißen Decken), ❍ vordere Plätze zuerst auffüllen, überflüssige Plätze hinten absperren (Schilder „reserviert"), ❍ wenn möglich, Platzwechsel bei längeren Veranstaltungen.

9

Lampenfieber kontrollieren

Können Sie diese vier Fragen beantworten?

4 *Haben auch erfahrene Referenten, Politiker oder Schauspieler Lampenfieber? Alle? Einige? Keine?*

4 *Hat Lampenfieber eine überwiegend lähmende oder überwiegend belebende Wirkung?*

4 *Sind bei übermäßigem Lampenfieber Beruhigungsmittel angebracht?*

4 *Gibt es Tricks,
um Lampenfieber zu vermeiden?*

Können Sie diese vier Probleme lösen?

1 Ingrid Milser ist Leiterin der Trainingsabteilung bei einem bedeutenden Baumaschinenkonzern. Sie hält sich für eine routinierte Rednerin. Frau Milser spricht regelmäßig sowohl vor Lehrlingen als auch vor Abteilungsleitern ihrer Firma. Sie sagt: „Lampenfieber, das gibt's bei mir nicht. Das habe ich lange hinter mir." Als sie ein Seminar über „Kommunikation für Führungskräfte" mitmacht, beurteilt sie der Leiter als „zwar eine recht gute Rednerin, aber eine bestenfalls mittelmäßige Kommunikatorin".

Können Sie sich vorstellen, was Frau Milser fehlt?

2 Werner Siebert ist in einem Pharmakonzern technisch-wissenschaftlicher Vorstand und nebenbei für die fachliche Betreuung der Apotheker zuständig. Er hält bei Apothekerverbänden seit Jahren den gleichen Grundsatzvortrag über die Verträglichkeit verschiedener Präparate. Er hat offensichtlich kein Lampenfieber. Eines Tages wird er während seiner Rede unterbrochen. Einer der Teilnehmer stellt eine unvorhergesehene, unangenehme Frage. Herr Siebert hat plötzlich eine Denkpanne, kommt ins Stottern und verliert sein Konzept – besonders nach einer weiteren, an und für sich harmlosen Frage. Das ist ihm bei Referaten im Unternehmen noch nie passiert.

War es ein Fehler, Fragen überhaupt zuzulassen? Und war es ein Versäumnis, auf diese spezielle Frage nicht vorbereitet gewesen zu sein? Worin lag für ihn die Hauptbelastung?

3 „Seit Jahren kenne ich die Anzeichen. Einen Tag vor einem wichtigen Vortrag bekomme ich leichte Kopfschmerzen. Ein paar Stunden vor dem Termin sind die Stiche im Kopf dann so unangenehm, dass ich eine Tablette nehmen muss. Um während meiner Rede und der nachfolgenden Diskussion hellwach und schlagfertig zu sein, trinke ich unmittelbar vorher gern noch ein oder zwei Schnäpse. Ich weiß, dass das eigentlich nicht gut ist, es hilft mir aber." So die Aussage eines gewissenhaften Leiters einer Forschungsabteilung.

Hilft es ihm wirklich?
Was würden Sie dem Redner raten?

4 Am dritten Tag eines Kongresses über Umweltschutz hält Dr. Repen, Vorstandsmitglied eines Chemieunternehmens, zuständig für Anwendungstechnik, morgens um 8.00 Uhr eine Rede über die Gefahr der Zerstörung der Ozonschicht. Dr. Repen ist ein sehr gewissenhafter Mensch. Er hat an allen Vorträgen teilgenommen, alle Vorträge aufmerksam verfolgt und sorgfältig alles notiert. Auch den Bankettabend am zweiten Tag hat er aus geschäftlichen Gründen bis spät in die Nacht mitgemacht. Als ihm ein Kollege rät, doch etwas früher ins Bett zu gehen, antwortet Dr. Repen: „Das macht mir doch nichts aus. So was stecke ich leicht weg.“ Am nächsten Morgen spürt er, dass er die Worte nicht findet, dass ihm der richtige Einstieg fehlt, dass er auf eine Frage nicht wie gewohnt routiniert antworten kann und sich überhaupt leicht gereizt fühlt.

Hatte er sich vielleicht doch zuviel zugemutet?
Musste er dauernd anwesend sein?

Eines vorweg: Es gibt keinen guten Redner, der nicht Lampenfieber hat! Weder der souverän wirkende Fernsehmoderator noch der selbstsicher auftretende Politiker sind innerlich ruhig, wenn sie vor die Kamera oder aufs Podium treten. Und das ist gut so. Wissen Sie, warum?

Jeder kennt Lampenfieber. Als Kind haben wir es gehabt, wenn wir Weihnachten ein Gedicht aufsagen mussten, in der Schule vor dem ersten Vortrag vor der Klasse, dann beim Abitur, bei Prüfungsarbeiten an der Uni und später vor dem Bewerbungsgespräch in einer Firma. Lampenfieber ist ganz natürlich. Es ist sogar eher hilfreich als störend. Das glauben Sie nicht? Lesen Sie dieses Kapitel! Sie werden Ihre Meinung ändern.

„Lampenfieber = Erregung und Spannung vor öffentlichen Auftritten." So wird Lampenfieber in einem Lexikon definiert. Lampenfieber ist die Angst vor dem Versagen. Aber diese Angst ist eine selbstverständliche Erscheinung, wenn Sie hohe Ansprüche an sich selbst, besonders bei wichtigen Aufgaben, stellen. Hoffentlich haben Sie einen solchen Ehrgeiz. Nur wem es egal ist, ob er eine gute oder eine schlechte Leistung bringt oder wie er auf andere Menschen wirkt – der hat auch kein Lampenfieber. Sollte er überhaupt auftreten dürfen? Auf der anderen Seite haben die Menschen am häufigsten Lampenfieber, die perfekt sein wollen, denen jeder kleine Fehler, jede Unregelmäßigkeit zuwider ist. Also: kein Anspruch – kein Lampenfieber, hoher Anspruch – großes Lampenfieber. Prüfen Sie sich: Wenn Sie vor öffentlichen Auftritten, vor Reden, Empfängen, vor Vorträgen oder Diskussionen Lampenfieber haben, seien Sie froh – Sie erwarten und verlangen etwas von sich. Sie wollen auch Ihrer Aufgabe gerecht werden.

Zwei der berühmtesten englischen Redner und Vorstandsvorsitzenden – Sir Colin Marshall und Sir John Harvey Jones – sagen übereinstimmend: „Und ob ich Lampenfieber habe! Und sollte das ausnahmsweise nicht der Fall sein, gebe ich eine schlechte Figur ab!"

Wir haben festgestellt: Lampenfieber ist positiv! Jetzt werden Sie denken: „Das ist zwar trostreich, aber was habe ich davon, wenn es mich fast lähmt?" Sie werden sehen: Diese Erkenntnisse ums Lampenfieber werden auch Ihnen helfen!

Es gibt viele Symptome für Lampenfieber. Bei jedem Menschen wirkt sich die Erregung und Spannung anders aus. Dem einen „flattert" oder versagt die Stimme, ein anderer schaut vor Angst ständig an die Decke oder auf den Boden, und ein dritter erkennt nicht einmal seine besten Freunde. Der Pulsschlag, der normal zwischen 60 und 80 liegt, schnellt zum Anfang einer Rede auf 130, 140 oder sogar 150. Das ist eine ganz extreme Belastung, die nur mit anderen Ausnahmesituationen zu vergleichen ist. Bei Rennfahrern hat man schon Pulsschläge von 200 gemessen.

Deswegen ist der gute Anfang bei einer Rede so wichtig. Mit einem wirkungsvollen Einstieg, zum Beispiel einer gelungenen Aktiven Beteiligung, durch die Sie sofort eine Rückkoppelung erhalten, verlieren Sie Ihr Lampenfieber und gewinnen Selbstvertrauen. Damit sind wir schon bei den Tipps, das Lampenfieber in den Griff zu kriegen. Befolgen Sie die folgenden fünf Ratschläge – und Sie gehen mit viel mehr Sicherheit „ins Rennen". Fragen Sie sich:

1. Wie häufig habe ich die Rede übungshalber während der Vorbereitung laut gehalten?

Bestimmt nicht oft genug. Sie können das gar nicht oft genug tun, bevor Sie auftreten. Viele Redner finden es albern, eine Rede immer wieder laut zu halten. Doch die Erfahrung zeigt: Erst wenn Sie sich selbst hören, bemerken Sie die Ecken und Kanten, die Sie abschleifen müssen, gewinnen Sicherheit, bekommen das richtige Gefühl für Ihre Darstellung. Wenn es Ihnen peinlich ist, im Büro laut zu reden, gehen Sie in der Mittagspause in einen Park, oder nehmen Sie sich ein Konferenzzimmer. Wussten Sie, dass sowohl Churchill wie auch de Gaulle ihre Reden vor dem Spiegel übten?

2. Frühzeitiges Einüben (noch früher!)

Sie haben es schon im Kapitel 1 gelesen: Richtig und rechtzeitig vorbereitet sein ist die halbe Miete. Fast jeder Redner beginnt mit dem Einüben zu spät. Denken Sie daran: Noch früher! Die Zeit, die Sie investieren, ist bestens angelegt. Die Zinsen kassieren Sie mit reduziertem Lampenfieber – und mit dem Applaus Ihrer Teilnehmer.

3. Abschalten vor Abhalten

Sportler bereiten sich auf einen Wettkampf vor, indem sie ins Trainingslager gehen, um abzuschalten. Unmittelbar vor dem Wettkampf schließen sie sich regelrecht ein, schotten sich ab. Tun Sie das auch. Ziehen Sie sich eine Stunde zurück, um in Ruhe Kraft zu tanken. Oder treiben Sie leichten Sport, unterhalten Sie sich, lenken Sie sich ab. Auf jeden Fall: Sauerstoff tanken! Wenn Sie ausgeruht sind, sind Sie selbstsicherer, konzentrierter, können besser reagieren und wirken überzeugender. Also: Abschalten vor dem Abhalten der Rede!

4. Auch die letzten Stunden und Minuten

vor der Rede beeinflussen Ihr Lampenfieber. Was Sie nicht tun sollten: geistige Arbeit (strengt an) oder einsame Spaziergänge (da können Sie nicht abschalten). Nicht an der ganzen Veranstaltung (wie Kongress) vor Ihrem Einsatz teilnehmen. Kein schweres Essen, kein Alkohol. Und frühzeitig zu Bett. Sie wollen ja leistungsfähig sein. Und noch ein Tipp – Sportlern und Schauspielern abgeguckt: Machen Sie Auflockerungsübungen, „Stretching", energische Muskelbewegungen, schreien Sie, gestikulieren, lachen, pfeifen Sie, führen Sie laute Selbstsuggestion durch.

5. Sich nicht isolieren

Wenn es soweit ist: Stellen Sie schon vor Beginn Kontakt zu den Teilnehmern her. Sprechen Sie sie an, drücken Sie Hände, begrüßen Sie Bekannte, bringen Sie aufmunternde Freunde mit. Je mehr Sie mit den Teilnehmern kommunizieren, Fragen stellen und Antworten geben, auf die Teilnehmer zugehen, sich unter den Teilnehmern aufhalten – desto mehr verliert sich Ihr Lampenfieber. Probieren Sie es!

Und noch etwas: Jede Ichbezogenheit isoliert. Diese Isolierung erhöht Lampenfieber. Also: „Ich" vermeiden, wo immer es geht. „Sie" und „wir" baut Spannungen ab.

Betrachten Sie Lampenfieber als eine natürliche Erscheinung – es mobilisiert Ihre Reserven, macht Sie hellwach und leistungsbereit.

Auf den Seiten 150 bis 152 finden Sie eine Kontrollliste („Zehn Hilfen zum Überwinden von Lampenfieber"). Beantworten Sie die Fragen. Sie werden Ihnen helfen, Ihr Lampenfieber zu ihrem Verbündeten zu machen.

Und wie ist es mit Steckenbleibpannen? Viele Redner haben Angst, während ihrer Rede stecken zu bleiben. Angst lähmt! Und Angst führt zu Lampenfieber. Wenn Sie wissen, was Sie tun können, wenn Sie stecken bleiben sollten, verlieren Sie die Angst (auf den Seiten 153 bis 155 finden Sie zwölf Tipps für Steckenbleibpannen).

Und bei Störungen?

Erstens: Kalkulieren Sie alle möglichen Störungen ein. Sichern Sie sich ab, und nehmen Sie die unvermeidlichen gelassen hin. Lassen Sie sich dabei assistieren. Das gilt für alle Störungen, vom Schluckauf eines Teilnehmers über Telefonanrufe, Rein- und Rausgehen, Gespräche untereinander, akustische Pannen bis zu Zwischenrufen und bewussten Störungen.

Zweitens: Fangen Sie etwaige Unruhe durch Kurzpausen auf, stellen Sie Wiederholungen von Störungen ab, ignorieren Sie, was Sie nicht ändern können (mehr dazu im 11. Kapitel).

Zehn Hilfen zum Überwinden von Lampenfieber

Wenn Ihre Antworten überwiegend negativ ausfallen, so ist das als konkrete Warnung für starkes, negatives Lampenfieber zu sehen. Also: reagieren.

	Ja	Nein	Reaktion
1. Habe ich das „richtige" Thema gewählt? Liegt mir das Thema? .... Beherrsche ich es? .... Entspricht es den EMMA-Erwartungen der Teilnehmer? .... Passt es zum Anlass?			

	Ja	Nein	Reak-tion
2. Habe ich mich richtig und frühzeitig vorbereitet? **Habe ich die Darstellung getestet?** **Bin ich in Form?** Wie früh? .... Wie sorgfältig? .... Wie hört sich das bei meiner „Generalprobe" an? .... Bin ich ausgeruht? .... Fit? .... Optimistisch? .... Erwartungsvoll?			
3. Spreche ich, anstatt „eine Rede zu halten"? Vermeide ich unnötige Redebelastungen? **Vermeide ich das „ich"?** Drücke ich mich in meiner normalen Umgangssprache aus? .... Würde ich so zu guten Freunden sprechen? .... Vermeide ich komplizierte Gedankengänge und Ausdrücke? .... Sage ich laufend „Sie" oder „wir"?			
4. Verfüge ich über das richtige Stichwortmanuskript (Notizen), um gedankliches Steckenbleiben zu verhindern? Ist es übersichtlich? .... Leicht zu lesen? Sauber (neu) geschrieben? .... Nur Stichworte, keine ganzen Sätze?			

	Ja	Nein	Reak-tion
5. Nutze ich jede Chance zur Rückkoppelung aus (Aktivität, Kontakt mit Zuhörern, Stimme, Blick, kürzester Abstand, Beteiligung)? Händedrücken vorher? .... Kürzester Abstand zu Teilnehmern? .... Laut, langsam? .... „Blickschweifend", alle einbeziehend? .... Häufige AB? .... „Sie" und „wir" anstatt „ich"?			
6. Habe ich noch einmal alle technischen Hilfsmittel geprüft? Alle? .... Auch Mikrofon? .... Stifte? .... Unterlagen? .... Lesbarkeit? .... Licht? .... Luft? .... Auch Zeitabstimmung?			
7. Benutze ich die Erste-Sekunden-Hilfe (Ruhe, Scheinanfang, Zitate, Fragen, Ablesen, Auswendiglernen, Teilnehmerkontakt)? Fange ich erst bei absoluter Stille an; unterbreche ich bei Unruhe sofort? .... Benutze ich eventuelle Scheinanfänge wie: „Meine Damen und –"; Unterbrechung;			

	Ja	Nein	Reak-tion
dann, bei Ruhe, echter Anfang?			
Lese ich eventuell die ersten Sätze vor? ...			
Erwirke ich sofort Teilnehmereinbeziehung oder -beschäftigung?			
8. Vereinfache ich bewusst meine Aufgabe (auch kurze Sätze, Pausen und richtiges Atmen)?			
Zum Beispiel durch Auslassen von Bindewörtern und Vermeiden verschachtelter Sätze mit Verb am Ende?................			
Mehr Pausen zwischen den Sätzen (Erholung für mich und die Teilnehmer)?.......................................			
Nehme ich mir Zeit zum ruhigen Atmen?			
Lockere ich bewusst gespannte Körperhaltung?			
9. Versuche ich, „sicher“ zu spielen (lächeln, laut, Flucht nach vorn)?			
Auf keinen Fall Unsicherheit zeigen?			
Freundliches Lächeln bei Schwierigkeiten?			
Überspielen von Hemmungen und Unsicherheit?			
Daran denken: „Sicher spielen“ führt zum „Sichersein“?			
10. Setze ich entsprechende Gegensuggestion ein?			
Denke ich an Erfolge, nicht an Misserfolge?................................			

	Ja	Nein	Reak-tion
Wiederhole ich mehrfach gedanklich „Ich schaffe es“?			
Schalte ich negative Gedanken bewusst aus?			
Sehe ich Teilnehmer als positive, interessierte Menschen?			
Sage ich mir, vor ihnen als Einzelpersonen hätte ich keinerlei Angst. Warum also vor ihnen als Gruppe?			

Was tun, wenn Sie den Faden verlieren?

Wenn Sie während einer Rede stecken bleiben – und das passiert jedem einmal –, brauchen Sie nicht im Boden zu versinken. Es gibt zwölf Möglichkeiten, „Steckenbleibpannen“ zu vermeiden – und damit das Risiko negativen Lampenfiebers zu verringern …

Gedanken später bringen

Übergehen Sie Ihr Gedankenloch. Wenn Sie mit dem übernächsten Punkt weitermachen, fällt Ihnen irgendwann von ganz allein ein, wo Sie stecken geblieben waren. Diesen Gedanken hängen Sie dann einfach an. Zum Beispiel mit dem Aufhänger „Übrigens …“ Wenn nicht, sollten Sie den

Gedanken ganz auslassen

Woher sollen Teilnehmer merken, wenn Sie einen Punkt auslassen? Sie kennen ja Ihr Manuskript nicht.

Für später ankündigen

„Wir kommen später noch auf diesen Punkt zurück.“ Fügen Sie hinzu: „Wenn uns die Zeit bleibt …“ So können Sie die Panne überspielen. Wenn Sie den Punkt tatsächlich nicht mehr finden, haben ihn die Teilnehmer wahrscheinlich auch vergessen. Außerdem werden Sie wohl zum Schluss sowieso Probleme mit Ihrer Zeit haben.

Leerlaufreden

Viele Redner können das gut. Sie tun nämlich nur das, das heißt, sie reden, ohne etwas zu sagen. Sie selbst sollten es nur als Rettungsring, im Notfall, benutzen. Es wird niemand merken. Wenn Sie nicht weiterwissen, überbrücken Sie die Lücke mit Redensarten, einigen Floskeln – eben nur Worten, bis Sie einen guten Gedanken gefunden haben. Dies ist auf jeden Fall besser als eine (lähmende) Pause.

„Na, Sie wissen schon …"

Fremdwörter und Fachausdrücke, aber auch manche normale Wörter, blockieren viele Redner – sie bleiben stecken. So stolpern einige etwa über „Reziprozität", „Kompatibilität" und „Konsistenz". Warum nicht gleich deutsche Begriffe wie „Wechselseitigkeit", „Verträglichkeit" und „Zusammensetzung" benutzen? Lacher gewinnen Sie, wenn Sie mitten in einem Fremdwort stecken bleiben und sagen: „Na, Sie wissen schon, was gemeint ist." Man wird Ihnen gern zustimmen.

Letzten Gedanken wiederholen

So können Sie sich auch retten. Reden Sie einfach eine „Schleife". Vielleicht taucht bei „noch einmal" bzw. „ganz kurz" der rettende Gedanke auf.

Zeit gewinnen

Eine elegante Möglichkeit, eine „Steckenbleibpanne" zu überdecken, ist beispielsweise: „Machen Sie sich jetzt einige Notizen." Oder: „Haben Sie jetzt Fragen?" Vorbereitete Fragen machen sich auch gut: „Sie fragen sich jetzt vielleicht …?" Oder: „Was meinen Sie zu diesem Punkt?"

Pause machen

Sie bleiben stecken und sagen: „Lassen Sie uns an dieser Stelle eine Zigarettenpause machen. Wir sehen uns in fünf Minuten wieder."

Niemals zugeben

Es wäre zwar ehrlich, aber Sie werden keine Pluspunkte sammeln. Die Teilnehmer werden Ihnen das als Schwäche auslegen. Also lieber Hinweis 10 benutzen.

„Lassen Sie uns zu Punkt X kommen."

Sie gehen einfach zum nächsten Punkt über.

Zuhörer Lücke ausfüllen lassen

„Zwei Punkte haben wir jetzt. Was wäre wohl der dritte Punkt?" Damit haben Sie den Schwarzen Peter an Ihre Teilnehmer weitergegeben, Zeit gewonnen, AB erzielt, Aufmerksamkeit und Mitarbeit erreicht.

Andere Möglichkeiten

Hier nur drei Beispiele:

a) Zusammenfassung: „Bisher haben wir erfahren ..."
b) Technische Störung provozieren. Tun Sie so, als sei der Hellraumprojektor gerade kaputtgegangen, das Mikrofon ausgefallen, die Leinwand klemmen, das Kabel gerissen sein. Oder Sie verursachen bewusst eine solche Störung. Immer noch besser als eine peinliche Pause.
c) Umständlich die Nase putzen und ein Glas Wasser trinken. Diesen Trick kennen offensichtlich besonders viele Politiker. Achten Sie einmal darauf!

Sie sehen, es gibt immer eine Lösung. Durch Steckenbleiben werden Sie also in der Zukunft nicht mehr nervös. Und wenn schon: Auch das geht vorüber.

Ein guter Redner hat immer einen Schuss Lampenfieber.

Es gibt keinen erfolgreichen Redner ohne Lampenfieber. Lähmende Nervosität schalten Sie durch Beachtung der

Hinweise aus. Was bleibt, ist positive Spannung. Das ist eine Energiequelle, die Sie leistungsfähig macht. „Steckenbleibpannen" passieren Ihnen jetzt sowieso nicht mehr.

Jetzt sollten Sie die vier einleitenden Fragen beantworten und die vier Probleme lösen können!

Erfolgsrezepte aus kürzlich erlebter Praxis:

1. Rückfragen an Hunderte von Teilnehmern ergibt: Lampenfieber verschwindet häufig nach den ersten Sätzen. Diese also besonders gut vorbereiten und trainieren.
2. Kein Thema ansprechen, das Ihnen nicht liegt. Ihr entsprechendes Lampenfieber sollte Ihnen Warnung genug sein.
3. Je forscher Sie auftreten, desto weniger merkt man Ihr Lampenfieber. Sie werden dann erleichtert merken, dass es sowieso verschwindet.

10

Die drei Redearten klar unterscheiden

Können Sie diese vier Fragen beantworten?

1 ***Kann man bei allen Redearten im Großen und Ganzen nach derselben Methode vorgehen?***

2 ***Kann man eine Tischrede auch zu einer Informationsrede umfunktionieren?***

3 ***Weshalb muss man die Einstellung der Teilnehmer besonders bei Zweckreden vorher kennen?***

4 ***Kann man die drei Redearten miteinander verbinden?***

10.1

Gelegenheitsreden

Können Sie diese vier Fragen beantworten?

1 ***Welche zwei Zielgruppen spricht man bei Feierreden an?***

2 ***Was sagt man zu einem in Pension gehenden vitalen Mitarbeiter, um ihm das Ausscheiden aus dem Unternehmen leichter zu machen?***

3 ***Muss man als Veranstalter einen Redner einführen, oder sollte man ihm das selbst überlassen?***

4 ***Wie rettet man eine Veranstaltung, wenn der Redner am Thema vorbeiredet oder einen nur mangelhaften Vortrag hält?***

Können Sie diese vier Probleme lösen?

1 Der Hamburger Unternehmer Dr. Neumann will sich im kalifornischen Silicon Valley über neue Entwicklungen und über Absatzchancen eigener Produkte informieren. Eines Abends wird er in einen amerikanischen Unternehmerclub eingeladen. Nach dem Cocktail klopft der Clubsekretär an sein Glas. Völlig überraschend für den unvorbereiteten Dr. Neumann sagt er: „Our German visitor Dr. Neumann would like to say a few words."

Musste Dr. Neumann darauf gefasst sein? Wie könnte er die Situation meistern?

2 Sie sind als Redner zu einem Vortragsabend eingeladen. Bei der Besprechung mit dem Veranstalter fragt er Sie, ob er Sie den Teilnehmern als „Meister" Ihres Fachs vorstellen dürfe, als brillanten Redner und als Persönlichkeit, von dem man viel lernen könne. Er sagt, dass er Sie mit seiner Rahmenrede „hochjubeln" will, Sie so interessant wie möglich darstellen und die Teilnehmer neugierig auf Sie machen möchte.

Sie fühlen sich geschmeichelt, glauben aber, dass mit einer solchen Ankündigung die Erwartungen hochgeschraubt werden und Sie damit unter einen enormen Druck geraten. Wie reagieren Sie?

3 Gunnar Lindström, Pressechef einer skandinavischen Luftfahrtgesellschaft, wird während eines Mittagessens mit mehreren Journalisten um einen kleinen Reisebericht über eine exotische, kaum bekannte Gegend in Südostasien gebeten. Er plaudert über seine Erlebnisse in allen Einzelheiten und rückt sich dabei konsequent in den Mittelpunkt. Detailliert beschreibt er Land und Leute, Sitten und Gebräuche und wie er aufgrund seiner Erfahrung damit zurechtgekommen ist.

Herr Lindström merkt, dass die Aufmerksamkeit der Journalisten immer geringer wird, je länger er redet. Was hat er vergessen?

4 In einer großen Kaffeerösterei ist eine Betriebsfeier angesetzt. Mehrere Jubilare sollen geehrt werden. Frau Bertram, Vorsitzende des Betriebsrates, erfährt unmittelbar vor der Feierstunde, dass auch sie eine Rede halten muss. Sie versucht, sich dem zu entziehen. Aber ohne Erfolg. Schließlich, so sagt der Personalchef, kenne sie die meisten der Jubilare seit Jahren persönlich.

Während der Vorreden merkt Frau Bertram, dass alles, was sie sagen wollte, schon gesagt worden ist. Was würden Sie an Frau Bertrams Stelle tun?

Es gibt viele Gelegenheiten für Reden. Informationsreden, die anlässlich von Lage- und Geschäftsberichten, Versammlungen oder Sitzungen gehalten werden. Zweckreden, um Ideen zu verkaufen und andere Menschen zu überzeugen, Entscheidungen zu erzielen, Vorschläge annehmen zu lassen oder Beschlüsse durchzuführen. Und natürlich gibt es sowohl im privaten als auch im beruflichen Bereich die so genannten Gelegenheitsreden.

Was ist eine Gelegenheitsrede? Die Eröffnung und der Abschluss einer Veranstaltung zum Beispiel, eine Begrüßung, die Vorstellung und Verabschiedung anderer Redner, eine Tischrede, eine Rede zu einem Jubiläum oder einer Pensionierung, eine Rede auf einem Betriebsausflug oder anlässlich der bestandenen Prüfung einiger Auszubildender. Gelegenheitsreden werden gehalten, um zu feiern, zu unterhalten oder um Atmosphäre zu schaffen. Ein wichtiger Tipp vorweg:

Gelegenheitsreden sollten nie länger als drei bis fünf Minuten dauern!

Zunächst jedoch: Was tun Sie, wenn Sie gar nicht reden wollen? Es kommt nicht selten vor, dass jemand überraschend gebeten wird, eine Rede zu halten. Ist Ihnen das schon einmal passiert? Spätestens seit diesem Zeitpunkt wissen Sie, wie unangenehm es ist, wenn man nicht vorbereitet ist. Jedem kann das passieren – und wird es eines Tages bestimmt passieren.

Es gibt aber ein paar Tricks, wie Sie die Situation – und sich selbst – retten können. Bereiten Sie sich daher auf eine „unvorbereitete Rede“ vor …

Der Fall:

Sie werden bei Tisch plötzlich vom Gastgeber gebeten, „ein paar Worte“ zu sprechen. Zunächst sollten Sie sich zieren! Verweisen Sie darauf, dass andere, viel kompetentere Damen oder Herren am Tisch sitzen, die das besser machen könnten. Vielleicht nimmt man Sie sogar beim Wort. Wenn nicht, gewinnen Sie eins auf jeden Fall: Zeit. Sie können noch mehr Zeit gewinnen, wenn Sie eine passende Ausrede parat haben. Zum Beispiel die Bitte, sich kurz noch die Hände waschen zu dürfen. Oder Sie schlagen vor: „Später, nach dem Essen oder beim Kaffee.“ Oder auch geradeaus: „In zehn Minuten. Ich möchte mir das noch durch den Kopf gehen lassen." Diese fünf bis fünfzehn Minuten können Sie nutzen, um sich schnell ein kleines Konzept zurechtzulegen: Überlegen Sie sich kurz den Anfang, notieren Sie sich ein paar Stichworte für den Hauptteil, und formulieren Sie zwei bis drei gute Schlusssätze. Mit den kleinen Stichworten haben Sie den roten Faden, an dem Sie sich dann während Ihrer Tischrede orientieren und „festhalten" können. Notizen, auch wenn sie noch so kurz sind, geben Halt und Sicherheit!

Wenn Sie nun am Tisch stehen und die erwartungsvollen Blicke der Teilnehmer spüren, dann stellen Sie sich die sechs W-Fragen: Wer ist hier? Wo sind wir hier? *Warum* sind wir hier? *Was* tun wir hier? *Wann* muss ich anfangen – wann aufhören? *Wie* gehe ich jetzt vor? Die Fragen stellen Sie sich in Gedanken, die Antworten geben Sie laut als Stützen Ihrer Rede. Dazwischen können Sie weitere Gedanken einbauen. Sie haben jetzt ja etwas Zeit (wie auch während des Redens), um zu überlegen.

Wenn Ihnen so schnell überhaupt nichts Vernünftiges einfällt, greifen Sie zunächst nach einem „Strohhalm": einem aktuellen Ereignis. Das kann der Börsenkurs sein, der Ölpreis, eine Zeitungsnotiz, ein Tagesereignis, eine Geburt oder ein Fußballspiel. Sie brauchen dann nur die gedankliche Brücke zu den Teilnehmern am Tisch zu bauen.

Als Notlösung benutzen Sie die schon erwähnte Flucht in den Leerlauf: Interessantes Thema, nette Menschen, Kürze der Zeit, besonderer Anlass, gutes Essen, großartige Atmosphäre, anregende Unterhaltung, gelungener Abend – das gibt schon eine Basis.

Der beste aller Tricks, um mit einer unvorbereiteten Rede keine „Bauchlandung" zu machen, ist die – **Vorbereitung**. Im Zweifelsfall immer vorbereitet sein – dann kann Ihnen nichts passieren! In einem amerikanischen Club als Gast eingeladen und nicht vorbereitet zu sein ist sträflicher Leichtsinn. Die Geschichte lehrt das: Winston Churchill wurde einmal bei Tisch plötzlich gebeten, eine Rede zu halten. Er tat das so eindrucksvoll, dass alle Anwesenden begeistert waren. Die Erklärung lieferte Churchill freimütig: Das sei kein Wunder, er habe die Rede fünfmal umgeschrieben und dreimal vor dem Spiegel gehalten.

Rüsten Sie sich! Wenn man Sie tatsächlich um eine kurze Tischrede bittet, haben Sie die gute Chance, mit einer vorbereiteten, unvorbereitet wirkenden Rede zu glänzen.

Und wenn das alles nichts hilft? Dann weigern Sie sich zu sprechen. Es wird sich schon jemand finden, der freiwillig seine Haut hinhält.

Um einen kommunikativen „Maßanzug“ schneidern zu können, sollten Sie bei Gelegenheitsreden noch einmal unterscheiden zwischen: **Unterhaltungsreden**, **Feierreden** und **Rahmenreden**.

a) Unterhaltungsreden

Anlässe:

Geselligkeit (Betriebsfest, gesellschaftliche Veranstaltungen, Ausflug usw.).

Ziel:

Gute Stimmung schaffen, Sympathie vermitteln.

Methoden:

Seien Sie natürlich. Keinen „Rede-Smoking“ anziehen, sondern Ihre „sprachliche Freizeitkleidung“, das heißt Plauderton, einfach und locker. Keine Arbeitsthemen ansprechen. Nicht die Gelegenheit zu einer Informationsrede missbrauchen. Nicht länger als fünf Minuten. Der Anlass ist heiter, also seien Sie es auch. Sie sind hier als Unterhalter erwünscht. Wenn Sie humoristische Stärken haben, spielen Sie sie aus. Unterhalten Sie die Teilnehmer, so gut Sie können. Wenn Sie Geschichten, Episoden, Anekdoten erzählen, verwenden Sie die Formel: „Stellen Sie sich vor …“ Das ist ein guter Test. Wenn sich nämlich niemand etwas dabei vorstellen kann, ist Ihr Gedankentransfer gefährdet. Dann umbauen oder auslassen. Bei einer Unterhaltungsrede seien Sie ganz Sie selbst. Ihren Titel und Ihre soziale Stellung, den „Doktor“ oder „Generaldirektor“, Ihre Würde geben Sie an der Garderobe ab. Schauen Sie dem Anlass entsprechend freundlich aus: Wer lächelt, gewinnt! Versuchen Sie, alle Teilnehmer einzubeziehen, denn Geselligkeit sollte keinen ausgrenzen (wichtig, besonders bei empfindlichen Personen, die sich leicht übergangen fühlen).

Wichtig bei Tischreden im Ausland: Berücksichtigen Sie, welches psychologisches Profil Sie als Deutscher, als Schweizer oder Österreicher im Ausland haben. Deutschen (aber auch anderen) Führungskräften muss man ans Herz legen: Treten Sie bewusst bescheiden auf. Nehmen Sie sich vor, den Gastgebern zu zeigen, dass Sie wissen, was bei ihnen ankommt und worauf es bei ihnen ankommt, worüber man spricht, worüber man sich besonders freut. Dazu sollten Sie sich vorher mit den Sitten und Bräuchen des Landes vertraut machen. Gerade erlebte (kommunikativ übertragbare) Episoden wirken natürlich besonders. Auch (passende) Zitate berühmter Landsleute (des Gastlandes). Und: Sprechen Sie mindestens einen Satz in der Landessprache. Das wirkt ungeheuer. Denken Sie an John F. Kennedy bei seinem Deutschlandbesuch: „Ich bin ein Berliner." Oder an Charles de Gaulle, als er vor deutschen Studenten sagte: „Ich beneide Sie alle ..." Zum Abschluss bringen Sie einen „Toast" auf Ihre Gastgeber aus oder laden zum Umtrunk ein: „Lassen Sie uns jetzt ..."

Taktische Tipps:

Denken Sie an A3 (1. Anders als andere! 2. Anders als erwartet! 3. Anders als Sie sonst sind!). Seien Sie originell. Suchen Sie eine ungewöhnliche Eröffnung. Lockern Sie die Stimmung. Niemals in einer Unterhaltungsrede chronologische Aufzählungen oder langatmige Erzählungen bringen. Das ist tödlich langweilig. Natürlich AV und AB. Hier einige AV-Beispiele: Blumen, Glas, Speisekarte, Wein, Faxkopie, Urkunde, Foto, Bild, Auszeichnung, Geschenk, symbolischer Gegenstand (Globus, Stoppuhr, Steigbügel, Aktie usw.), Demonstrationsobjekt usw. Das sind schon zwölf. Sie finden sicher noch weitere.

b) Feierreden

Anlässe:

Ereignisse (Gedenktage, Pensionierungen, Jubiläum, Hochzeit usw.).

Ziel:

Würdigen.

Methoden:

Sie wissen: Nirgendwo wird so viel gelogen wie vor einer Wahl, nach einer Jagd und während einer kriegerischen Auseinandersetzung. Bei Jubiläen und Beerdigungen nähert man sich auch diesem Zustand. Seien Sie deshalb besonders vorsichtig, denn der Grat zwischen Ausdruckswärme und pathetischen Floskeln ist schmal. Versuchen Sie, alle Anwesenden mit einzubeziehen, laufend „wir" in Ihrer Rede zu verwenden und jede Ichbezogenheit auszuschalten. Also auch keine egozentrischen Erinnerungen. Dagegen gern gemeinsame Erlebnisse. Überladen Sie Ihre Feierrede nicht, denn die Teilnehmer wollen feiern, nicht andächtig lauschen müssen. Also: Inhalt kürzen!

Taktische Tipps:

Es gibt einige Sonderregeln für Jubiläen, Pensionierungen, Ernennungen und Verabschiedungen. So sollten Sie die psychologische Regie (Rahmen) steuern bzw. beeinflussen. Sie sollten bei der Auswahl der Anwesenden, der Wahl des Ortes und anderer organisatorischer Fragen möglichst federführend mitbestimmen. Um Ihre Rede mit Inhalt zu füllen, informieren Sie sich rechtzeitig über die oder den zu Ehrende(n). Wo könnten Sie das besser als bei seinen langjährigen Kollegen und Freunden? Die werden Ihnen so manche Episode aus dem Leben des Jubilars oder künftigen Pensionärs erzählen können. Wenn sich im beruflichen Leben nichts Aufregendes findet, informieren Sie sich einmal über seine Freizeitbeschäftigungen bzw. Privatinteressen. Da hat sich schon mancher Mitarbeiter, der im Betrieb jahrzehntelang als graue Maus" galt, als bunter Paradiesvogel, ja als versierter Fachmann auf irgendeinem Gebiet entpuppt. Denn: Jeder Mensch hat irgendwo eine bemerkenswerte Neigung oder beschäftigt sich mit außergewöhnlichen Dingen. Auch mit dem zu Ehrenden selbst sollten Sie vorher reden. Auf keinen Fall in die Personalakte schauen und den Werdegang nachplappern: „1.10.1959 Eintritt in die Firma als Lehrling, 10.4.1965 Lehrlingsprüfung bestanden, 30.5.1985 Prokura." Finden Sie überhaupt nichts, sollten Sie einfach einen Kollegen oder den Chef des Geehrten vor der Feier bitten, ein paar Anekdoten über „Franz" oder „Werner" zu erzählen. Viel interessanter als die Tatsache, dass der Jubilar in zwanzig Berufsjahren nicht einmal krank gewesen ist, sind seine besonderen Leistungen: „Erinnern Sie sich noch daran, als 1983 unser Werk zwei brannte? Da bist du, lieber Willi, als Erster losgerannt und hast den Wasserschlauch herangeschleppt ..."

Erfahrungsgemäß fällt es älteren Mitarbeitern oft schwer, sich von „ihrer" Firma zu trennen. Um ihnen den Abschied zu erleichtern, vermeiden Sie den Ausdruck „Lebensabend". Sagen Sie besser: „Ihr zweiter Lebensabschnitt beginnt jetzt." Der Tenor Ihrer Rede sollte sein: „Wir beneiden Sie." Sagen Sie doch ruhig: „Wenn wir morgens mal wieder im Stau stecken, sitzen Sie gemütlich am Frühstückstisch." Oder: Sie können jetzt Ihrem Tatendrang als Sportorganisator Sinn geben. Als AV können Sie beispielsweise ein altes Lehrlingsfoto des Jubilars oder Diplome, Abzeichen, Auszeichnungen, gefertigte Gegenstände, Briefe, Zeitungsausschnitte usw. aufhängen und die Gäste fragen: „Na, erkennen Sie ihn?" Das Geschenk der Firma überreichen Sie dem Geehrten am Ende der Feierrede (bei der Pensionierung beispielsweise eine längere Reise). Auf jeden Fall soll der Pensionär Abstand von der Firma gewinnen, eventuell Studien betreiben, eine Sonderaufgabe erhalten. Und zusätzlich, als Erinnerung, eine Videokassette von der Rede des Chefs zum Abschied oder zum Jubiläum. Da bleibt der Stolz wiederholbar.

Sonderregeln für Betriebsfeste:

Nach dem Motto „Fest ist Fest" sollten Sie weder Arbeitsthemen ansprechen noch einen Jahresrückblick geben, noch sollten Sie Ihren Mitarbeitern eine Standpauke über Arbeitsproduktivität oder „Krankfeiern" halten. Solche Themen gehören nicht zu einem Fest. Machen Sie aus einem fröhlichen Betriebsfest auch kein steifes „Bankett" – es sei denn, Sie wollen, dass sich Ihre Mitarbeiter unwohl fühlen. Die Atmosphäre eines Betriebsfestes sollte locker sein (kleine Tische, gemischte Platzierung). Ein als „Bankett" erklärtes Fest artet leicht zu einer Statusdemonstration aus. Tipp: Lassen Sie Mitarbeiter selbst die Organisation des Betriebsfestes übernehmen. Sie haben oft ein feineres Gespür für das, was die Belegschaft erwartet bzw. erhofft, als ihr Chef. Also: Der Festausschuss aus Mitarbeitern arbeitet das Programm aus, bestimmt die Sitzordnung, den Zeitplan und eventuell die benötigten Transportmittel. Und das Unterhaltungsprogramm? Am besten mit eigenen Kräften. Sie haben damit eine Aktive Beteiligung und Einbeziehung der Teilnehmer erreicht. Und Sie als Chef sind fein raus. Sie brauchen nur die abschließende Dankrede zu halten.

Sonderregeln für Einweihungen, Eröffnungen:

Bei solchen Gelegenheiten können Sie positive Öffentlichkeitsarbeit betreiben. Wenn Sie beispielsweise in eigener Sache zur Eröffnung eines neuen Werkes Ihrer Firma eine Rede zu halten haben, sollten Sie die Chance nutzen und die Beziehungen zur Bevölkerung und zu anderen Unternehmen, zu lokalen

Politikern und Behörden, zu den Mitarbeitern und deren Familien besonders pflegen. Dabei die richtigen Argumente wählen. Weniger Erfolgszahlen und materielle Ambitionen. Dafür mehr Sozialleistungen und Motivationsaspekte. Eine seltene Gelegenheit für den Aufbau von Vertrauenskapital und Sympathievorschuss. Nur Gemeinsamkeiten herausstellen, die das Zusammengehörigkeitsgefühl stärken. Bevölkerung, Behördenvertreter und Beschäftigte müssen nach der Rede das Gefühl haben, das neue Werk sei „ihr" Werk. Die Regie für Ihre Rede sollten Sie bestimmen und Einzelheiten delegieren, sonst passieren unvorhergesehene Pannen, die Sie irritieren und behindern. Sorgen Sie für die richtige Organisation, für Reservezeit, Platzierung, Identifizierung (wer ist wirklich gekommen?) und eine optimale Betreuung der Gäste. Bei der Begrüßung versuchen Sie, um eine Aufzählung der Ehrengäste herumzukommen.

Tipp:

Nochmals zur Erinnerung, nennen Sie nur den wichtigsten Ehrengast („Herr Bürgermeister …") und die anderen gemeinsam („… mit Ihnen begrüßen wir alle unsere Ehrengäste"). Bei Ihrer Rede: Natürlicher Ton, nicht pathetisch, Proportionen bewahren! Ihre neue vollautomatische robotgesteuerte Fertigung ist kein neuntes Weltwunder.

Wenn Sie dagegen als Gast bei der Eröffnung oder Einweihung einer befreundeten Firma oder deren Niederlassung eingeladen sind, können Sie auch diese Gelegenheit zur Pflege Ihrer Beziehungen zur Umwelt nutzen. Halten Sie eine gut vorbereitete Rede. Versuchen Sie, der Erste zu sein – niemand kann Ihnen etwas vorwegnehmen, und Sie tragen nicht die Hypothek etwaiger langer und langweiliger Vorredner mit sich herum. Seien Sie nicht zu bescheiden! Sie können während Ihrer Rede ruhig drei- oder viermal Ihre Firma nennen. Auch hier Stichwort: Regie. Beschaffen Sie sich Stoff für Ihre Rede durch direkte Befragung vorher (tut kaum einer der anderen Redner). Erfragen Sie, was andere sagen werden. Bestimmen Sie mit, wo Sie stehen und mit welchen Worten Sie angekündigt werden. Überprüfen Sie die Technik, und zwar rechtzeitig! Kontrollieren Sie den Ablauf noch einmal kurz vor Ihrem Auftritt. Vielleicht hat sich im letzten Augenblick noch etwas geändert (Platz, Zeit, Ablauf usw.). Und: Lassen Sie sich gern das Mikrofon von Ihrem Vorredner oder dem Organisator überreichen – aber zitieren Sie sie nicht. Wenn sie gut waren, werden die Teilnehmer positiv an sie erinnert (anstatt Ihnen zuzuhören). Wenn sie schlecht waren, befürchtet man dasselbe bei Ihnen. Nicht vergessen: vor allem Herzlichkeit, besondere Verbundenheit, Anerkennung ausdrücken.

c) Rahmenreden

Anlässe:

Einführungen, Danksagungen, Eröffnungen, Abschlüsse.

Ziel:

Positive Plattform für den Anlass (vorher und nachher) schaffen (siehe Grafik Seite 166).

Methoden:

Erstellen Sie ein Kontaktfünfeck! Sowohl bei Ihrer Einführung bzw. Eröffnung als auch bei Ihrer Danksagung bzw. Ihrem Abschluss berücksichtigen Sie folgende fünf Punkte:

- Redner
  Kommunikator,
- Thema,
- Teilnehmer,
- Veranstalter,
- Ablauf.

Sie wollen Ihrer Veranstaltung einen guten Start und ein gutes Ende mit Ihren umrahmenden Äußerungen verschaffen. Das heißt auch: Sie sind im Allgemeinen nicht Hauptperson. Das begrenzt Ihre Aufgabe. Zu Beginn Ihrer Rahmenrede fragen Sie: „*Warum* dieser Redner, dieses Thema, *warum* diese Teilnehmer, dieser Veranstalter, dieser Ablauf?“ Durch diese fünf Fragen mit entsprechenden Argumenten , die Sie während Ihrer Einführung beziehungsweise Eröffnung stellen, werden Sie die Teilnehmer positiv einstimmen und neugierig machen. Das ist Ihr Inhalt. Nach dem Vortrag oder der Veranstal-

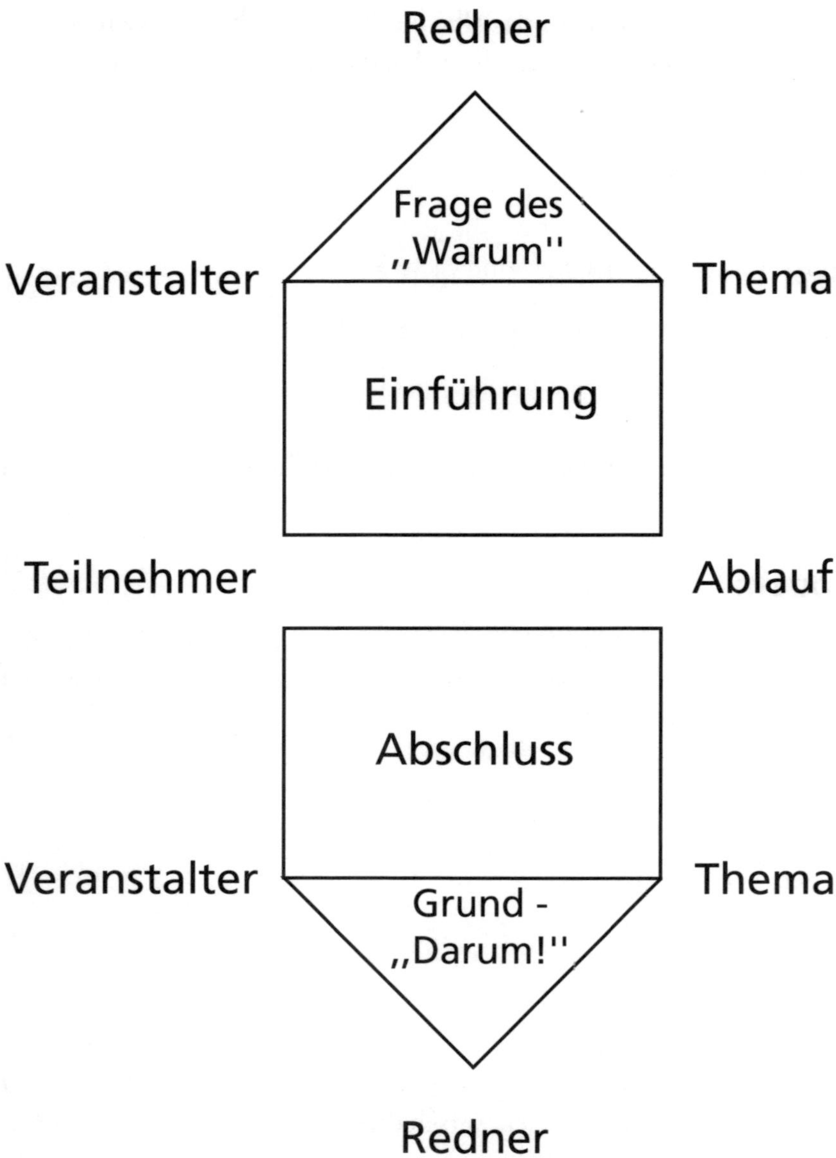

tung kommt Ihre Danksagung oder Ihr Abschluss. Dann beantworten Sie eben genau diese fünf Fragen: „Darum …“ So konstruieren Sie einen kommunikativen Rahmen um den Vortrag des Hauptredners herum. Einführung: Behauptung, Abschluss: Beweis. Als Beispiel Punkt 5, Ablauf. Zu Beginn: „Warum treffen wir uns gerade heute Abend zu diesem Thema?“ Zum Abschluss: „Und darum haben wir uns gerade heute Abend zu diesem Thema getroffen!“

Natürlich beginnen Sie auch eine Rahmenrede nicht mit Floskeln wie: „Meine sehr geehrten Damen und Herren! Mir ist die ehrenvolle Aufgabe zuteil geworden …“ Folgendes ist da schon besser: „Manchmal haben Sie das Gefühl, Sie wollen aussteigen. Zu viel Stress, zu viel Politik, zu viel Nebensächliches, zu viel Belastungen. Der Mann, der bis vor kurzem noch dieselbe Einstellung hatte, nur viel extremer, sind Sie, Herr X. Sie sagen uns jetzt, warum Sie …“

① Der **Redner** (oder Hauptdarsteller) ist die wichtigste Person dieser Veranstaltung. Sprechen Sie deswegen Ihre Einführung mit ihm ab. Wenn Sie ihn (oder sie) dann einführen, sagen Sie nicht: „Frau Doktor Kleiner hat …“, sondern: „Sie, Frau Doktor Kleiner, haben …“ Sie stehen als Rahmenredner in ihrem Schatten, schaffen ihr die Plattform. Wenn Sie den Redner den Teilnehmern vorstellen, kommt es darauf an, ihn richtig zu „verkaufen“. Viele Rahmenredner – wenn sie nicht eine noch schlimmere Sünde begehen und sich selbst in den Vordergrund stellen – machen den Fehler, den Hauptredner „über den grünen Klee“ zu loben und damit die Erwartungen der Teilnehmer fast unerfüllbar zu gestalten. Sie graben dem Referenten bereits sein Grab, wenn Sie ihn „zu gut“ verkaufen. Nur wenn Sie als Rahmenredner wissen, dass die Teilnehmererwartungen negativ sind, müssen Sie versuchen, diese Vorurteile abzubauen, die Atmosphäre zu verbessern und erwartungsvolle Neugier zu schaffen. Das können Sie beispielsweise durch eine positive Charakterisierung des Redners. Die sollte sich aber nur auf für den Anlass relevante Punkte beschränken. Die etwa zu theoretischen Fähigkeiten lassen Sie besser unerwähnt. Um beispielsweise einen Nato-General einer Gruppe von jungen Politikern der „Grünen“ richtig zu „verkaufen“, könnten Sie darauf hinweisen, dass er in seiner Heimatstadt bei einer Bürgerinitiative für Umweltschutz aktiv ist, dass einer seiner beiden Söhne Ersatzdienst leistet und dass Biologie sein Hobby ist. Seine brillante militärische Karriere und die Offizierstradition seiner Familie wären in diesem Zusammenhang naturgemäß weniger erwähnenswert.

② Wenn Sie das **Thema** ansprechen, steht im Vordergrund: Interesse schaffen! Sie sollen die Teilnehmer neugierig machen. Das bedeutet: Die

„Leckerbissen", Neuigkeiten oder die außergewöhnlichen Kenntnisse des Redners nur andeuten. Nutzen Sie rhetorische Fragen – positive Behauptungen in Frageform. Niemals als Rahmenredner dem Hauptredner etwas vorweg greifen oder ihm die „Rosinen" aus dem Kuchen picken! Rahmenredner mit Profilneurose zerstören jede Atmosphäre.

③ Begrüßen Sie die **Teilnehmer** so, dass sie motiviert werden und aufnahmebereit bleiben. Sie kennen ja EMMA als Aufhänger. Geben Sie den Teilnehmern auch Verhaltensweisen (Fragen; Diskussionsbeiträge; Aufforderung, zu unterbrechen, zu notieren, selbst beizusteuern usw.). Aber immer nach Abstimmung mit dem Redner. Ein wichtiger Aspekt des ersten Kontakts zwischen Teilnehmer und Redner wird häufig vergessen: Stellen Sie auch die Teilnehmer dem Redner vor: „Herr Steiger und seine Mitarbeiter gehören zur Bergwacht unseres Ortes, Frau Stein ist Chefärztin im Kreiskrankenhaus, und hinter ihr sitzen Herr Klaus, der Vorsitzende der Betriebsgesellschaft der städtischen Lifte und Gondeln, und einige seiner Aufsichtsratsmitglieder." Wichtig: Nur die anwesenden Teilnehmer nennen. Ignorieren Sie die Gäste oder Teilnehmer, die nicht gekommen sind. Sie demotivieren Redner und Anwesende, wenn Sie sagen, wer alles eingeladen war und nicht gekommen ist, aus welchen Gründen auch immer. Deswegen: Abwesende „vergessen" – auch deren mehr oder weniger wohlgemeinten Grüße, Wünsche, Entschuldigungen, Empfehlungen, Bedauerungsäußerungen. Um es deutlich zu sagen: Nicht erwähnen!

④ Wann sollten Sie etwas über den *Veranstalter* in Ihrer Rahmenrede sagen? Natürlich dann, wenn er nicht bekannt ist, wenn aus guten PR-Gründen die Initiative der Veranstaltung hervorgehoben werden soll oder wenn man positive Werbung betreiben will. Zum Beispiel: „Warum gerade wir Sie eingeladen haben, hat einen besonderen Grund …" Vorsicht: Aus egozentrischen Gründen wird dieser Teil häufig zu lang. Also: KUSS.

⑤ Zu Ihren Aufgaben gehört es, die Teilnehmer vor Beginn des Vortrags kurz über den **Ablauf** und die „Spielregeln" zu informieren, über das Programm, den Zeitplan, die Organisation, über Pausen, Fragen, Kontaktmöglichkeiten und Verhaltensvorschläge. Übrigens, mit welchem Punkt sollten Sie anfangen? Ihre Wahl – aber im Zweifelsfall mit dem Redner abstimmen. Bester Aufhänger: naturgemäß die Teilnehmer.

Wie unangenehme Änderungen vermitteln?

Und wie teilen Sie den Teilnehmern unangenehme Änderungen mit? Keine Angst, so schwer ist das nicht … Beispiele:

a) Sie mussten den Redner ersetzen. Drücken Sie das positiv aus: „Anstatt des leider verhinderten Herrn B haben wir die erfreuliche Gelegenheit, Sie, Herr A, bei uns zu begrüßen. Sie sind ja mit unserer Tätigkeit aus eigenen Erfahrungen besser vertraut als irgendein anderer Außenstehender.“ Der Ersatzredner sollte den Teilnehmern wie ein Glücksfall erscheinen.
b) Der Redner ist nicht oder ungenügend vorbereitet. Machen Sie die Teilnehmer nicht darauf aufmerksam. Behalten Sie dieses Wissen für sich. Die Teilnehmer würden sonst mit negativer Spannung an den Lippen des Redners hängen – um Fehler und Lücken zu finden. Häufig merken die Teilnehmer den Übelstand nicht. Wenn doch, können Sie zum Abschluss immer noch ein ausgleichendes Wort finden.
c) Ihr Redner fällt im letzten Augenblick aus. Das ist natürlich schlimm. Aber zwei Möglichkeiten bleiben Ihnen: Entweder Sie selbst übernehmen auch noch den Part des Hauptredners, oder Sie aktivieren Ihre Teilnehmer für eine Diskussion bzw. eine Gesprächsrunde.
d) Ihr Redner ist verspätet. Das passiert leider oft. Als Rahmenredner können Sie jetzt Ihr Improvisationstalent beweisen und die Teilnehmer unterhalten – oder Sie ziehen einfach die eingeplante Pause oder einen anderen Programmpunkt vor.
e) Der Redner ist indisponiert. In diesem Fall gilt das Gleiche wie unter Punkt b): Die Teilnehmer nicht darauf hinweisen. Dies wäre keine Schutzmaßnahme für den Redner, sondern das Startsignal für Teilnehmer, Ungereimtheiten zu entdecken. Ganz anders ist die Wirkung, wenn Sie nach der Rede den Teilnehmern gestehen, dass Ihr Redner Fieber hatte. So bekommt er bestimmt doppelten Beifall.

Sie sehen also, es gibt wenig hoffnungslose Lagen. Übrigens: Schließen Sie nicht mit dem pompösen: „Nun erteile ich dem Herrn Z das Wort.“ Besser: „Herr Z – wir sind gespannt …“ Zum Abschluss der Veranstaltung, nach dem Vortrag des Hauptredners, ergreifen Sie, der Rahmenredner, wieder das Wort. Dass Sie das tun werden, müssen Sie den Teilnehmern allerdings bereits vor der Hauptrede, in Ihrer Einführung mitteilen, sonst stehen die Damen und Herren nach dem Applaus für den Hauptredner auf und gehen. Ihr Abschluss muss schnell, kurz und kraftvoll sein. Sonst gehen die Leute auch während Ihrer Ausführungen. Lange Erläuterungen, Wiederholungen sowie zusätzliche, komplizierte Gedanken sind fehl am Platz, denn die haben die Teilnehmer bereits vorher „inhaliert". Den Dank an den Redner können Sie als Beweisführung der Einführungsbehauptungen verpacken: „Vielen Dank für Ihre präzisen Antworten auf unsere schwierigen Fragen, die uns schon seit geraumer Zeit beschäftigen." Wenn Sie den Teilnehmern noch einmal eine Zusammenfassung geben wollen, dann nur eine kurze Synthese, in ein bis zwei Sätzen. Hier können Sie auch die Nutzanwendung herausheben und zwei, drei Zitate des Redners noch einmal ins Gedächtnis rufen. Auf jeden Fall zu vermeiden sind Gemeinplätze und pathetische Ausrufe wie: „Diese beeindruckende Rede hat wieder einmal bewiesen, dass die ganze deutsche Wirtschaft lebendig ist wie eh und je. Sie wird sich der Herausforderung … Möge jeder von uns sich der Verantwortung …" Dagegen können Sie natürlich einen Ausblick über den Tellerrand des Vortrags hinaus geben: „Ob sich auch diese politischen Ideen im Europa dieses Jahrhunderts verwirklichen lassen – darüber gehen die Meinungen auseinander. Die Optimisten – und zu denen gehören Sie und wir – vertreten die Ansicht, dass …"

Soweit Anregungen für einen Abschluss nach einer gelungenen Rede. Was machen Sie aber, wenn der Vortrag des Redners ein glatter Misserfolg war? Auch dafür gibt es Lösungen. Wenn es wenigstens einige positive Aspekte in der Rede gab (und die gibt es fast immer), sollten Sie diese herausheben und den, wenn auch dünnen, Faden weiterspinnen und besonders betonen: „Gerade Ihre wiederholten Hinweise waren notwendig, um … Was sich möglicherweise als selbstverständlich anhörte, ist es sicher nicht, denn …" – „In diesem Zusammenhang wurden in den vergangenen Wochen …" Also „hochfrisieren". Sie sollten alles tun, um einen versöhnlichen Abschluss zu finden. Das geht, bei ein wenig Mut und gutem Willen.

Sie können jetzt sicher die vier Fragen beantworten und die vier Probleme lösen.

Gelegenheitsreden leben mehr von der Darstellung als vom Inhalt. Ton, Herzlichkeit, Wärme unterstreichen. Episoden, Zitate, Beispiele verwenden. Gefühle ansprechen. Und KUSS und EMMA nicht vergessen!

Erfolgsrezepte aus kürzlich erlebter Praxis:

1. Inhalt nicht überladen. Gelegenheitsreden über 5 Minuten sind eine Zumutung.
2. Abstimmung mit der Hauptperson, die Sie einführen sollen. Wenn er/sie dramaturgisch ungeübt ist, Ihre eigene Kompetenz für die Einführung einbringen.
3. Bei der Einführung schon auf Ihren Abschluss/Dank an den Redner hinweisen. Sonst gehen die Teilnehmer womöglich nach seiner Rede, oder es gibt ein heilloses Durcheinander am Ende.

10.2

Informationsreden

Können Sie diese vier Fragen beantworten?

1 ***Was kommt zuerst: informieren oder motivieren?***

2 ***Warum sind die meisten Informationsreden eher langweilig?***

3 ***Wie viele Tatsachen, Zahlen und Einzelheiten kann man in einer Informationsrede unterbringen?***

4 ***Kann man in einer Informationsrede auch Fragen an die Teilnehmer stellen? Wenn ja, welche?***

Können Sie diese vier Probleme lösen?

1 Unternehmer Nordhorst, Chef eines mittelständischen Zulieferbetriebes für die Automobilindustrie, hält auf der Weihnachtsfeier eine größere eindrucksvolle Rede über die Absichten der Firma im kommenden, schwierigen Jahr. Er beschreibt die Unternehmensziele, die Konkurrenz, den Markt und appelliert an alle Mitarbeiter, ihre Pflicht zu tun und ihr Bestes zu geben, damit diese Ziele erreicht werden. Herr Nordhorst glaubt, seine Mitarbeiter mit dieser Rede motiviert zu haben.

Glauben Sie das auch?
Wenn nicht: Was hat er bei seiner Rede überhaupt nicht angesprochen?

2 Abteilungsleiter Jochen Fischmann ist sauer. Seine Mitarbeiter haben das Jahressoll nicht erreicht. Als Vorgesetzter nimmt er sich vor, jedem Einzelnen den Kopf zu waschen. Er nennt seinen Mitarbeitern die schlechten Zahlen des Vorjahres, macht ihnen Vorwürfe und spricht von Konsequenzen: „Sie werden schon sehen, was passiert, wenn Sie im nächsten Vierteljahr nicht höhere Umsätze machen. Wir sollten uns keine Illusionen machen. Wenn wir Sie freistellen müssen, stehen auch wir alle im Regen." Nach einer Welle von weiteren Negativäußerungen beendet er seine Rede mit einer Reihe von präzisen, einleuchtenden Hinweisen für ein Erfolg versprechendes Vorgehen, findet dann einige einlenkende freundliche Worte und wünscht schließlich „Viel Erfolg".

Wie hätten Sie diese Informationsrede gehalten? Kann man die Dinge nicht beim Namen nennen?

3 „Ich halte einen starken, gewerkschaftlich orientierten Betriebsrat für wichtig. Eine Gewerkschaft braucht einen Fuß in jedem Unternehmen, um ihre Ziele durchzusetzen. Nur wenn ich als Gewerkschafter weiß, was vor Ort los ist, kann ich richtig reagieren. Ein alter Gewerkschafter wie ich – ich bin seit zwanzig Jahren organisiert – glaubt an die Kraft der Gewerkschaftsbewegung. Dafür kennt die Geschichte viele Beispiele. Die Vergangenheit hat bewiesen, dass eine große Idee viele Anhänger braucht. Und besonders viele junge wie Sie. Leisten auch Sie Ihren Beitrag.“ Mit diesem Einstieg versucht Gewerkschaftsfunktionär Banse, junge Auszubildende über die Aufgaben des Betriebsrates zu informieren.

Hat er damit wohl Erfolg?
Woran sollte er vor allem denken, bevor er spricht?

4 EDV-Geschäftsführer Reineke wird gebeten, vor mehreren Führungskräften eines mittelständischen Im- und Exporthauses die von ihm dem Kundenunternehmen empfohlene EDV-Anlage vorzustellen. Er hat sich gut vorbereitet und legt nach einer kurzen Begrüßung gleich los. „Das Betriebssystem Unix gewährleistet die Kompatibilität und Vollintegration auch unterschiedlichster Hardware sämtlicher führender Spezialhersteller von vernetzten work stations und servern." Als Reineke beginnen will, die Bedienung des Systems näher zu erklären, unterbricht ihn ein Abteilungsdirektor und sagt: „Entschuldigen Sie bitte, aber ich habe kein Wort verstanden. Und vor allem, was soll ich damit?"

Herr Reineke hat einen groben Fehler gemacht. Welchen?

Motivieren und die übrigen fünf Forderungen

Information ist die Beseitigung von Nichtwissen. Das Ziel der Informationsreden ist, das Wissen der Teilnehmer zu verbessern, sie zu orientieren, Zusammenhänge zu erklären. Dafür ist es notwendig, erst einmal zu motivieren. Jeder Zuhörer stellt sich die Frage: „Was habe ich davon?" Wenn Sie diese nicht schon am Anfang befriedigend beantworten können, wird Ihre Rede zu einer Zeitverschwendung. Wie viele Informationsreden erfüllen wirklich diese elementare Forderung Nr. 1?

Wenn Ingenieur Wille den Technikern der Kundenfirma erklärt, wie eine Maschine konstruiert ist, ist das eine Informationsrede. Wenn er – im zweiten Schritt – den Technikern auch noch erklärt, wie diese Maschine bedient werden muss, die Teilnehmer mit diesem Vorgang vertraut macht, wird dies eine Instruktionsrede. Instruktionsreden gehören auch zu den Informationsreden. Und auch sie müssen motivieren.

Welche Anlässe gibt es für Informationsreden? Sie umfassen sowohl innerbetriebliche als auch außerbetriebliche Themen, von der Mitarbeiterbesprechung in der Firma bis zum Rechenschaftsbericht im Sportverein. Eine Informationsrede muss klar und deutlich strukturiert sein. Sonst erfüllt sie die Forderung Nr. 2 nicht: Verständlich zu sein! Der Teilnehmer muss von Ihnen Schritt für Schritt durchs Thema geführt werden. Eine sorgfältige Vorbereitung ist deswegen das A und O.

Ihr Ziel ist: Informieren! Das heißt auch: Beeinflussen! Alle Kommunikationsmittel, die Sie aus den bisherigen Kapiteln kennen, sollten Sie einsetzen – und zwar verstärkt. Denn der Informationsstoff als solcher ist meistens trocken und nüchtern. Das ist Forderung Nr. 3. Aktivieren Sie die Teilnehmer, und setzen sie laufend audiovisuelle Hilfsmittel ein. Bilder, Dias und Folien machen komplizierte Zusammenhänge, technische Einzelheiten und Datenvielzahl anschaulicher. Zeigen Sie den Teilnehmern wiederholt den Nutzeffekt („Das bedeutet für Sie …), und zwar nach jedem Punkt.

Den individuellen Gewinneffekt ansprechen.

Die Teilnehmer müssen das Gefühl haben, dass Sie den Inhalt bewusst auf sie zugeschnitten haben. Also: Empathie. Das ist Forderung Nr. 4. „Sie" ist Ihr

Hauptwort. Ihr „ich" interessiert keinen Teilnehmer. Liefern Sie neben den nackten Tatsachen auch veranschaulichende Erklärungen. So riskieren Sie am wenigsten, dass jeder seine eigenen Deutungen und Schlussfolgerungen macht. Spätestens alle fünf Minuten eine Zusammenfassung. Alle zehn bis fünfzehn Minuten eine Unterbrechung: „So, kurze Pause. Was haben Sie bis hierher notiert? Drei Punkte sind entscheidend: …" Solche kurzen Zwischenbilanzen dürfen Sie auch mit der Verteilung von Unterlagen unterstreichen. Pausen und Zwischenbilanz sind Forderung Nr. 5. Die vorbereitete, schriftliche Zusammenfassung des ersten Teils macht die Teilnehmer auch wieder aufnahmefähig für einen weiteren Abschnitt. „Welche Rückschlüsse lassen diese verschiedenen Zahlen zu, meine Damen und Herren?" Verständniskontrolle, das ist Forderung Nr. 6. Weiterer Tipp: Am Ende noch einmal alles zusammenfassen! Und erneut Nutzanwendung herausstreichen.

Noch ein paar taktische Tipps: Laufend orientieren! Zeigen Sie Ihren Teilnehmern immer wieder, an welcher Stelle Ihrer Ausführungen Sie sich gerade befinden. Geben Sie Orientierungspunkte an: „Das zum Oberbegriff Struktur. Nun kommen wir zu drei unterschiedlichen Arten: Sachstruktur, Prioritätsstruktur, Kommunikationsstruktur. Vergleichen Sie bitte Seite fünf." Die Struktur Ihres Vortrags müssen die Teilnehmer vor Augen haben, damit sie alle die von Ihnen gegebenen Informationen problemlos einordnen können. Gefesselt werden Teilnehmer, wenn Sie sie neugierig machen. Wie? Stellen Sie beispielsweise Antworten auf Fragen in Aussicht: „In spätestens fünf Minuten kennen Sie die Antwort. Und Sie werden erstaunt sein." Oder: „Welche Ergebnisse haben wir wohl damit erreicht? Schlechtestenfalls? Bestenfalls?" Die besten Teilnehmer sind Teilnehmer, die mitarbeiten. Ein Beispiel: Verteilen Sie ein oder zwei Kurvendiagramme ohne weitere Erklärung oder Beschreibung. Die Teilnehmer werden Sie mit großen Augen erwartungsvoll anschauen. „Notieren Sie mal die nach Ihrer Meinung wahrscheinlichen Plus- oder Minusabweichungen, mit denen wir rechnen müssen." Sonst sagen Sie nichts. Erst im Laufe Ihres Vortrags kommen Sie darauf zurück: „Soweit über die Zinsentwicklungen und unsere Exportzahlen der letzten Jahre. Wie sehr diese beiden Größen zusammenhängen, das zeigt Ihnen das Diagramm von vorhin. Schauen Sie jetzt noch einmal auf die beiden Kurven. Sehen Sie? Die obere Kurve zeigt die Plus-, die andere die Minusabweichungen. Und wie sieht Ihr Tipp aus?" Aufmerksam werden Ihre Teilnehmer auch, wenn Sie nicht alle Informationen, die auf Ihrem Schaubild stehen, sofort zeigen. Decken Sie immer nur einen Punkt neu auf. Beispiel: Ein technischer Leiter will Verkaufsingenieuren zehn wichtige Thesen für ein Verkaufsgespräch nennen. Er zeigt zunächst aber nur die erste These, erläutert sie, nennt Beispiele und beantwortet Fragen. Erst dann deckt er die zweite These auf seiner Folie auf, dann die dritte These usw. Das verstärkt Aufmerksamkeit und Neugier.

Also: Zuhörer einbeziehen!

Und immer daran denken: Informationsreden müssen anschaulich sein. Beispiele und Vergleiche erläutern besser als tausend Worte. Übernehmen Sie keine schriftlichen Ausarbeitungen. Alle Fakten aufarbeiten, so dass auch ein Laie sie verstehen kann. Selbst wenn Sie vor vermeintlichen Fachleuten reden: Kein Fachchinesisch! Das wirkt wie eine Fassade, hinter der sich Angst vor klaren Worten und persönlicher Stellungnahme verstecken – wenn nicht sogar mangelnder konkreter Sachverstand.

Achten Sie laufend auf das Klima: In einer guten Atmosphäre ist die Aufnahmefähigkeit der Teilnehmer hoch, bei mieser Stimmung gleich Null. Nur bei einer starken Kommunikation werden Teilnehmer Spaß an einer Informationsrede haben. Versuchen Sie es! Dabei können Sie auch ungewohnte Wege gehen. Viele ungeschriebene Gesetze trockener informatorischer Darstellung in deutschen Unternehmen erzeugen nur Langeweile und gehören auf den Müll. Alles, was Ihrem Ziel, zu informieren, wirklich dient, ist deshalb erlaubt.

Noch eine wichtige sachliche Empfehlung zum Schluss: Trennen Sie Meinungen von Tatsachen. Im Journalismus heißt es: „Die Meldung ist heilig, der Kommentar frei." Beherzigen Sie das. Fakten sind neutral. Ihre persönliche Meinung subjektiv. Beide können wichtig sein. Nur müssen Sie eine Trennungslinie ziehen, um glaubwürdig zu bleiben.

Hinweise für Arbeitssitzungen

Besonders häufig werden Sie Informationsreden während einer Arbeitssitzung in Ihrem Unternehmen halten müssen. Beherzigen Sie die folgenden zwölf Schritte. Dann wird Ihnen keine Mitarbeiterbesprechung mehr kommunikative Sorge machen. Sie werden sie souverän und erfolgreich führen und durch richtige Kommunikation Menschen gewinnen und überzeugen.

1. Zündender (motivierender) Auftakt

Sie kennen das inzwischen: Zum Anfang keine Floskeln, sondern ein Knall: „Wir alle stehen im nächsten Jahr auf der Straße – wenn wir nichts unternehmen." Oder positiv: „Sie alle können mindestens tausend Euro mehr im Monat verdienen – wenn Sie die folgenden Anregungen ..."

2. Orientierung über Ziel, Inhalt und Rollenverteilung der Sitzung (auch in die Einladung setzen)

„Es geht um eine neue Strategie für unseren inländischen Markt. Zunächst müssen wir über das Produkt sprechen, dann über unser Händlernetz und schließlich über die notwendigen Marketingmaßnahmen. Wir werden gemeinsam in den nächsten fünfzehn Minuten den Ist-Zustand erläutern, und bitte, bombardieren Sie mich mit Fragen, wenn etwas unklar ist. Frau Münster wird Protokoll führen. Um 14.00 Uhr machen wir Pause.

3. Ergebnisse (kurz, allgemein, mit Werturteil)

„Unsere Lage auf fast allen Gebieten ist schlecht. Wir haben 10 Prozent Marktanteil in unserer einstigen Domäne verloren. Der Markt stagniert, die Wettbewerber holen auf."

4. Jetzige Lage (allgemein, mit Werturteil)

„Die letzten Auftragseingangszahlen bestätigen den negativen Trend. Wenn es so weitergeht, sind wir in einem halben Jahr nur noch die Nummer zwei. Diese Entwicklung trifft mich – und wahrscheinlich auch viele von Ihnen – ins Mark. Das müssen wir ändern."

5. Erklärungen, Bemerkungen, eventuell Rückblick (auf Punkte 3 und 4)

„Die rückläufigen Zahlen beruhen auf einer mangelhaften Produktpolitik und einem zunehmend schlechter gewordenen Service. Das haben die Analysen des Unternehmensberaters ergeben. Wir haben in der Produktionsabteilung bereits erste Maßnahmen ergriffen, und unser Hauptaugenmerk liegt nun auf dem Servicebereich und unseren Händlern. Erinnern Sie sich? Vor vier Jahren waren wir einer von vielen Anbietern. Nach zwei Jahren waren wir Spitze, und nun bröckelt unsere Marktstellung plötzlich wieder ab.“

6. Lob („Sie“) oder Tadel („wir“)

An dieser Stelle können Sie Ihre Mitarbeiter motivieren. Zeigen Sie Empathie! Bei negativen Bemerkungen beziehen Sie sich selbst mit ein. Das schluckt man leichter. Anerkennung geht an andere. „*Sie* haben in den letzten Jahren hervorragende Arbeit geleistet. Ein Lob, das Ihnen sogar die Konkurrenz macht. Trotzdem haben *wir* Fehler gemacht. *Wir* alle hätten viel früher merken müssen, dass …“ Tauschen Sie die Pronomen „Sie“ und „wir“ einmal gedanklich aus. Merken Sie den Unterschied?

7.1 Weiterentwicklung, Ziele für den nächsten Zeitabschnitt

Nun kommt der Übergang von der Vergangenheit auf die Zukunft. Bisher haben Sie Ihren Teilnehmern das Zurückliegende und den Ist-Zustand noch einmal vor Augen geführt. Jetzt kommt es darauf an, den Soll-Zustand zu beschreiben. Äußern Sie sich dazu. Zum Beispiel so: „Das ist alles Vergangenheit. Jetzt schauen wir nach vorn. Es gibt viel zu tun, um aus dem Dilemma herauszukommen. Doch – Schritt für Schritt. Unser erstes Etappenziel heißt: Bis zum Quartalsende müssen wir …“

7.2 Wege, Methoden zur Erreichung (auch in Dialogform)

Um die Teilnehmer zu motivieren, sollten Sie sie einbeziehen. Das können Sie am besten durch ein Gespräch – mit AB. Versuchen Sie es einmal so: „Wie können wir unser Ziel erreichen? Was meinen Sie?“ Oder Sie sprechen direkt einen Mitarbeiter an: „Es gibt mehrere Wege zu unserem Ziel. Herr Haack, Sie haben letzte Woche in einem Gespräch mit mir einen interessanten Vorschlag gemacht. Würden Sie ihn noch einmal erläutern?“ Und dann weiter: „Dann machen wir einen gemeinsamen Ideenwirbel für weitere Lösungsmöglichkeiten.“ Wenn Sie es schaffen, die Wege und Methoden zum Erreichen des Ziels gemeinsam zu erarbeiten, werden die Teilnehmer aller Voraussicht nach auch gute, engagierte Helfer bei der Durchführung sein.

7.3 Einverständnis erwirken

Das ist Voraussetzung. Ohne die Zustimmung der Teilnehmer haben Sie wenig Chancen, die Maßnahmen erfolgreich umzusetzen. Sie können das Einverständnis erwirken, indem Sie das Ziel in positiven Tönen schildern, Vorteilsversprechen einsetzen und Ihre Fragen so stellen, dass die Teilnehmer nur mit „Ja" zu antworten brauchen: „Wollen wir diesen Weg wählen? Schaffen wir das? Dass wir alle besser verdienen, zufriedener sind und gemeinsam wieder nach oben kommen? Wollen wir das versuchen? Sie auch? Sofort? Dann haben wir heute viel erreicht."

8. Kontrolle des Einverständnisses

Wenn Sie noch unsicher sind, ob die Teilnehmer voll hinter Ihnen stehen, fragen Sie noch einmal, oder Sie lassen abstimmen. Wichtiger Tipp: Beschluss schriftlich festhalten. Einen Aktionsplan jedem Teilnehmer übermitteln, sonst müssen Sie möglicherweise das nächste Mal wieder von vorn anfangen.

9. Allgemeine Projekte und Zukunftsziele, Ausblick (psychologische Wirkung)

Vermitteln Sie den Teilnehmern über das Erreichen des Etappenziels hinaus eine positive Perspektive, und vermitteln Sie ihnen ein Gesamtbild: „In spätestens zwei Jahren werden wir wieder oben sein. Dann kann eine weitere Phase der Expansion eingeläutet werden: der Aufbau von Niederlassungen weltweit. Wer weiß, wer von Ihnen dann eines Tages in Kanada oder in Brasilien arbeiten kann. Aber inzwischen wird Sie noch interessieren, dass die Geschäftsleitung in Erfolg versprechenden Verhandlungen für ein stabiles zweites Bein …"

10. Teilnehmerfragen

Fragen Sie, wenn Sie nur bedingt Fragen erhalten wollen: „Hat jemand von Ihnen noch eine Frage?" Oder eine andere Möglichkeit wäre: „Was möchten Sie sonst noch wissen?" Wenn es bei dem einen oder anderen Teilnehmer der Arbeitssitzung noch Vorbehalte gibt, können Sie sie jetzt ausräumen. Auf jeden Fall haben die Teilnehmer noch einmal die Chance, etwas zu sagen, bevor Sie die Sitzung schließen. So kann sich keiner „überfahren" fühlen.

11. Drei Tipps für Leistungssteigerung

Erinnern Sie sich? Die magische Zahl Drei. Drei Tipps behält jeder. Also geben Sie Ihren Mitarbeitern drei gute Ratschläge mit auf den Weg: „Wissen Sie, wie sich unser Chef jedes Wochenende auf die Woche vorbereitet? Er hat drei Methoden, die Sie vielleicht auch einmal anwenden sollten.

Erstens: Er schaut sich die steigenden Aktienkurse unserer Konkurrenten an und ärgert sich ausgiebig darüber.

Zweitens: Er joggt eine halbe Stunde durch den Odenwald und schwimmt danach eine Stunde im Freibad. Und schaltet dabei völlig ab.

Drittens: Er nimmt sich vor, bis zum nächsten Freitag mindestens einen Auftrag mehr als in der Vorwoche persönlich an Land zu ziehen.

Können wir alle auch machen, nicht wahr?" Eine Arbeitssitzung ohne geplante Hinweise für bessere Leistungen in der Zukunft ist ein echtes Versäumnis. Die Gelegenheit ist einmalig. Die Vergangenheit können Sie nicht ändern. Die Zukunft aber muss von Ihnen Perspektiven erhalten.

12. Abschluss, Erfolgsgefühl vermitteln, Appell an Zielsetzung (Empathieeinsatz)

Der Abschluss muss „sitzen". Die letzten Sätze müssen Ihre Entschlossenheit signalisieren und die Teilnehmer motivieren: „Wir sind eine Supertruppe. Wenn wir zusammenhalten – und das tun wir –, wenn wir alle das eine Ziel vor Augen haben – und das haben wir –, dann kann uns kein Wettbewerber bremsen. Und heute haben wir dank Ihrer aller Hilfe den Grundstein gelegt. Wir haben dadurch schon viel erreicht, nicht wahr?"

Soweit die zwölf Schritte, die Ihnen helfen, bei Arbeitssitzungen eine erfolgreiche Informationsrede zu halten.

Vorschläge für Kommentare zu Geschäftsberichten:

Als Führungskraft werden Sie Geschäftsberichte kommentieren müssen. Da können Sie einiges falsch machen. Aber das muss nicht sein. In Auszügen ein paar Hinweise, wie Sie es richtig machen …

Ziel:

Legen Sie zunächst für sich in einem Satz das Ziel fest, das Sie mit Ihrem Kommentar erreichen wollen. Nur ein einziger Satz, wirklich durchdacht, konkret und richtig formuliert. Beispiel: „Die durch unser enormes Wachstum verursachten Mängel unserer Ertragslage müssen wir noch in diesem Jahr korrigieren."

Aufbau:

Stellen Sie sich bei jedem nachfolgenden Punkt und der entsprechenden Darstellung die Frage: „Dient das dem festgelegten Ziel?" Sie reden beispielsweise über Ihr starkes Firmenwachstum und überlegen, ob Sie erwähnen sollen, dass jedoch die Ausfuhren nach Kanada um 10 Prozent zurückgegangen sind, aber die Ertragslage prozentual nur wenig gesunken ist. Nein. Das dient nicht Ihrem Ziel. Und der Streik in Frankreich? In diesem Zusammenhang auch nicht relevant.

1. Rückblick und Beurteilung der Vergangenheit

Geben Sie Wertmaßstäbe. Nennen Sie hier noch keine Zahlen. Zeichnen Sie Tendenzen und Entwicklungen auf. Beispiel: „Die bundesdeutsche Wirtschaft ist im zurückliegenden Jahr erneut kaum gewachsen. Damit hat sich die Entwicklung der Vorjahre fortgesetzt. Der Gesamtwirtschaft fehlen die Impulse, die noch zu Beginn der neunziger Jahre vom Ausland ausgegangen waren. Dies ist zurückzuführen auf die für die deutsche Exportwirtschaft zunehmend ungünstige Dollar-Euro-Relation. Wir haben dagegen durch unsere Streuungspolitik einigermaßen erfolgreich gegensteuern können. Unsere Umsatzsteigerungen haben aber auch erhöhte Kosten mit sich geführt.

2. Ergebnisse und Erfolge

Hier kommen jetzt Zahlen. Stellen Sie sie verständlich dar. Benutzen Sie Hilfsmittel (Dias, Zeichnungen, Diagramme, Kurven). Beispiel: „Wir sind im vergangenen Jahr um 20 Prozent gewachsen. Der Umsatz stieg von 160 auf 192 Millionen Euro. Die Zahl der Mitarbeiter von 200 auf 240. Der Umsatzzuwachs war in den einzelnen Bereichen unterschiedlich hoch. So haben wir allein im Bereich Compact Disc ein Plus von 25 Prozent zu verzeichnen, bei

Kassetten von 12 Prozent und bei Zubehör von 8 Prozent. Sie sehen diesen erfreulichen Umsatzzuwachs an diesen drei Kurven. Wir liegen damit in allen drei Bereichen erheblich über dem Branchendurchschnitt, wie Sie aus diesem Diagramm ersehen können. Bei CDs konnten wir 5 Prozent mehr als unsere Wettbewerber im Durchschnitt zulegen, bei Kassetten liegen wir 2 Prozent und bei Zubehör ebenfalls 2 Prozent über dem Mittel der Branche."

3. Deutung der Ergebnisse und Erfolge

Nun folgt der Beweis der Ergebnisse. Wie sind Sie zu diesen Ergebnissen und Erfolgen gekommen? So könnten Sie argumentieren: „Was sind die Ursachen unseres Erfolges? Wir haben früher als andere Wettbewerber auf die CDs gesetzt. Schon im letzten Frühjahr haben wir diesen modernen Tonträger besonders beworben und unsere Verkaufsfläche für CDs fast verdoppelt. Auch unser Angebot an Musikkassetten haben wir verbessert und uns auf zwei Schwerpunkte beschränkt. Was die Zusatzausrüstung betrifft, haben wir den Bau der modernsten Anlagen forciert."

4. Gegenwärtige Lage

Jetzt beschreiben Sie den heutigen Stand. Was ist seit dem Schlussdatum des Berichtszeitraumes passiert? Was hat sich seither verändert? Was wird werden? Vorsicht! „Unter der Voraussetzung, dass ..." benutzen. Das Beispiel aus der Unterhaltungselektronik: „Der Trend zur Compact Disc hat sich auch in den ersten drei Monaten dieses Jahres fortgesetzt. Weiter gestiegen sind auch die Absatzzahlen von Kassetten. Der Schallplattenumsatz ist heute fast gleich Null. Sie werden nur noch von Liebhabern gekauft, weshalb wir unsere Lagerbestände zu Schleuderpreisen veräußern müssen. An technischer Ausrüstung wird heute zunehmend gespart. Das kann Probleme für uns bringen. Der Gesamtumsatz unseres Unternehmens ist im letzten Monat noch einmal um 30 Prozent gegenüber dem Vorjahresmonat gewachsen. Unter der Voraussetzung, dass diese Entwicklung auch in den nächsten Monaten so bleibt, wird das laufende Geschäftsjahr ein Rekordjahr. Meine Prognose: 20 Prozent Umsatzsteigerung bis zum Jahresende. Dem stehen allerdings Kostensteigerungen entgegen, die wir auffangen müssen."

5. Aussichten und Zukunftsziele

„Für den Rest der neunziger Jahre erwarten wir eine weitere Veränderung des Käuferverhaltens. Die Compact Discs werden sich zum wichtigsten Tonträger entwickeln. Die Schallplatte hingegen wird verschwinden, obwohl ein kleiner Kreis von Kunden sie auch künftig kaufen wird. Liebhaber aber müssen gepflegt werden. Diese Pflege ist leider zu kostspielig. Natürlich müssen wir unsere Angebotspalette auch in den kommenden Jahren so breit wie möglich erhalten. Aber nicht um jeden Preis. Wenn wir den Zug der Zeit verpassen, werden wir in fünf Jahren weg vom Fenster sein. Schaffen wir es, auch künftig genau den Kundengeschmack zu treffen, werden wir bald die Nummer eins sein. In fünf Jahren haben wir dann einen Umsatz von rund 400 Millionen Euro bei rund 500 Mitarbeitern. Und eine gute Rendite."

6. Dank und Appell

Danken Sie allen, die mitgeholfen haben, das Ergebnis, über das Sie informieren, zu erarbeiten. Bitten Sie auch für die Zukunft um weitere Aktivität und Hilfe. Nicht mit „Viel Erfolg" schließen. Besser wäre: „Allen Mitarbeitern hier in der Zentrale, unseren Kollegen in den Niederlassungen und allen Außendienstlern herzlichen Dank für Ihr Engagement im vergangenen Jahr. Ohne Ihre Arbeit hätten wir heute nicht dieses Ergebnis präsentieren können. Auch in diesem Jahr sollten wir alle so weitermachen. Dann erreichen wir gemeinsam unser Ziel: Umsatzsteigerung und Kostensenkung bis zum Jahresende! Das wird mindestens normale Gehaltserhöhungen erlauben. Mit Ihrer Hilfe hoffentlich auch mehr." Nicht vergessen: Sie wollen den Geschäftsbericht kommentieren, das heißt dessen wichtigste Punkte erläutern – nicht ihn mit eigenen Worten noch einmal zitieren. Also: kürzer als vorgesehen, und nur die Schwerpunkte erwähnen.

Und noch ein paar Hinweise für Rechenschaftsberichte:

Ein häufiger Anlass für eine Informationsrede. Schon das Wort „Rechenschaft" wirkt bedrohlich. Doch auch Rechenschaftsberichte sind zu bewältigen. Lesen Sie die nächsten Seiten! Wenn Sie die skizzierte Struktur berücksichtigen, werden sie auch diese Form der Kommunikation bald beherrschen. Ziel und der globale Aufbau eines Rechenschaftsberichtes sind ähnlich wie Ziel und Aufbau eines Geschäftsberichtes. Beide berichten über das Ergebnis eines Auftrages oder einer Aufgabe.

Ziel:

Legen Sie für sich in einem Satz das Ziel fest, das Sie mit diesem Rechenschaftsbericht erreichen wollen. Ein einziger Satz, wirklich durchdacht, konkret und klar formuliert. Beispiel: Sie waren beauftragt festzustellen, welche thematischen Schwerpunkte die neukonzipierte Managementzeitschrift aus Ihrem Verlagshaus haben muss, um sie zu entsprechend hohem Preis erfolgreich in den Vorstandsetagen einzuführen. Sie wollen mit Ihrem Rechenschaftsbericht sagen: „Nur wenn unsere neue Zeitschrift Führungskräften in komprimierter Form Entscheidungshilfen anbietet, hat sie eine Chance, im oberen Preisbereich positioniert zu werden."

Aufbau:

Stellen Sie sich bei jedem nachfolgenden Punkt und der entsprechenden Darstellung die Frage: „Dient das dem festgelegten Ziel?"

1. Aufgabenstellung

Welche Aufgabe hatten Sie? Welche Informationen sollten Sie bringen? Unser Beispiel für Ihren Rechenschaftsbericht vor der Verlagsleitung: „Wir wollen eine neue Managerzeitschrift besonderen Niveaus erstellen. Meine Aufgabe war, festzustellen, welche thematischen Schwerpunkte sie haben muss, um sie erfolgreich mit genügender Auflage im oberen Preissegment einzuführen." Hier erbitten Sie Zustimmung – denn es könnte ja sein, dass Sie den Auftrag zu eng oder zu weit gefasst haben.

2. Ausgangslage

Wie war der Stand, als Sie die Aufgabe bekamen? Diesen Punkt nur in relevanten Fällen berücksichtigen. Das Beispiel: „Die Ausgangslage. Weder eine Marktuntersuchung noch einwandfreie Erfahrungswerte lagen vor. Ich musste also bei Null beginnen. Der vorgegebene Zeitraum war sechs Wochen."

3. Ergebnis

Was haben Sie mit Ihrer Arbeit erreicht? Nicht chronologisch beschreiben. Einzelheiten unter 4. „Unsere Forschungsarbeit hat ergeben, dass die von uns angepeilte Zielgruppe von Informationsangeboten überhäuft wird. Sie werden als zu elementar, weitschweifig und entbehrlich empfunden. Sie sind alle nicht besonders erfolgreich, und keine einzige Zeitschrift hat sich erfolgreich im oberen Preissegment positionieren können. Wenn die unsrige die versprochenen Entscheidungshilfen bietet, hat sie eine Chance – mehr nicht. Der Preis spielt dabei keine Rolle."

3.1 Erläuterung

Eventuell: Wie haben Sie das Ergebnis erreicht, welche Mittel haben Sie angewandt und mit welchen Methoden sind Sie vorgegangen? Auch diesen Punkt sollten Sie Ihrem Ziel entsprechend mehr oder weniger stark gewichten. Vielleicht will man nur Ihr globales Ergebnis. Vielleicht ist Ihr Vorgehen als solches uninteressant. Aber möglicherweise wollen Sie aus taktischen Gründen (Rückendeckung, Nachweis Ihres Einsatzes) wenigstens summarisch etwas dazu sagen. Entscheiden Sie von Fall zu Fall. Im Zweifelsball durch AB absichern.

4. Folgerung
a) Zwangsläufige Folgerungen

Nennen Sie nur objektive, nachprüfbare und durch Zahlen belegte oder belegbare Schlüsse und Folgerungen. „Unsere Untersuchungen haben ergeben, dass nur jeder dritte Unternehmer überhaupt für unsere Zeitschrift ansprechbar ist. Trotzdem macht das eine Gruppe von etwa 80 000 potentiellen Käufern aus. Die Zahlen belegen: Bei einer 30 bis 40 Seiten starken Zeitschrift, davon 40 Prozent mit Anzeigen belegt, und einem Abonnementpreis von rund 480 Euro sind wir bereits bei … tausend verkauften Exemplaren an der Gewinnschwelle."

b) Mögliche Folgerungen

Hierher gehören subjektive, nicht belegbare, aber nach Ihrer Meinung wichtige denkbare Folgerungen. Auch Ihr Urteil. Zeitangaben, wo möglich. Beschreibende Adjektive wie „bald", „später", „demnächst", „erheblich", „befriedigend", „erfreulich" vermeiden. Unser Beispiel: „Die Zielgruppe unserer Zeitschrift ist so bedeutend, dass es kein großes Problem darstellen dürfte, die Werbewirtschaft für ein solches Objekt zu interessieren. Denkbar ist auch eine Koppelung der Anzeigenschaltungen mit unseren drei bestehenden Zeitschriften. Hier sind Synergieeffekte zu erwarten. Nach den in den vergangenen Wochen durchgeführten Analysen sollte eine Zeitschrift wie beschrieben für wirtschaftlich realisierbar sein, aber nur bedingt lohnend. Für die Anlaufphase bis zum Erreichen der Gewinnschwelle müssen wir sieben bis zwölf Monate kalkulieren."

5. Vorschläge

Jetzt machen Sie als Entscheidungshilfe Vorschläge für eine Reaktion auf diese Folgerungen – vorausgesetzt, dass dies gewünscht wird (hängt von Ihrem Auftrag und den Erwartungshaltungen Ihnen gegenüber ab). Zum Beispiel: „Wenn wir diese Zeitschrift aus rein wirtschaftlichen Erwägungen herausbringen wollen, ist meine Stellungnahme abschlägig. Andererseits: Welches Risiko wollen wir eingehen? Und: Welche anderen Projekte werden dadurch blockiert?"

6. Weitere Punkte (Beobachtungen)

Schildern Sie Ihre Beobachtungen „am Rande". Vermerken Sie mögliche Auswirkungen auf andere Arbeitsbereiche. „Bei unseren Recherchen und Analysen haben wir festgestellt, dass es einen interessanten Markt für Aufsteiger und Karrieristen zu geben scheint. Ein solches Objekt hat bisher noch kein Verlag herausgebracht. Wir könnten hier eine Pionierrolle übernehmen. Im Übrigen sind auch die früher so erfolgreichen Managerbriefe, mit ein paar Ausnahmen, rückläufig." Also: Möglicherweise andere Marktsegmente anpeilen.

7. Zusammenfassung (unerlässlich für jeden Bericht über fünf Minuten Dauer)

Erst jetzt erstellen Sie eine Zusammenfassung der bisherigen Punkte in Kurzform. Zum Beispiel: „Noch einmal zusammengefasst: Das Ziel meines Auftrages war … Die drei wichtigsten Ergebnisse sind …"

8. Auftragsbefreiung oder neuer Auftrag

Erfragen Sie, ob

1. der Auftrag damit erledigt ist, oder
2. was sich für eine neue Aufgabe oder Anschlussaufgabe daraus ergibt.

Hier dürfen keine Zweifel entstehen: Ist der Auftrag nun erledigt? Sollen Sie noch mehr tun?

Das war ein Rechenschaftsbericht, wie er leider viel zu selten gehalten wird. Sie sollten sich diese Struktur zu Eigen machen. Natürlich wird ein derartiger Bericht häufig zum Dialog – umso wichtiger die Struktur.

Ihre Informationsreden müssen vor allem motivieren. Das tut das übliche sachliche Aneinanderreihen von Fakten, Zahlen, Trends, Prognosen nicht. Da Informationsreden vom Inhalt und Ziel spektakulär sind, tun Sie alles, um die Darstellung spannend zu gestalten. Brechen Sie mit ebenso unproduktiven wie gedankenlosen Traditionen. Jetzt können Sie sicher die vier Fragen auf S. 173 beantworten und die vier Probleme der Seiten 174–177 lösen.

Erfolgsrezepte aus kürzlich erlebter Praxis:

1. Noch einmal: Motivieren!!! Was haben die Teilnehmer von Ihren Ausführungen?
2. Gliederung und genaue Stelle Ihrer Kommunikation (häufig) wiederholen. Dadurch Teilnehmer erneut orientieren. Ein einmal verlorener Faden – und die Teilnehmer schalten ab!
3. KUSS! Mehr Unterlagen zum Nachlesen verteilen. Nur was mündlich vermittelt werden muss, behandeln.

10.3

Zweckreden

Können Sie diese vier Fragen beantworten?

1 *Vor welchem Teilnehmerkreis hält man eine Überzeugungsrede, eine Begeisterungsrede, eine Handlungsrede?*

2 *Was bedeutet das „Tunnelprinzip“ für eine Handlungsrede?*

3 *Was verstehen Sie unter dem Satz: „Gewinnen, nicht überwinden“?*

4 *Ist eine Handlungsrede vorwiegend emotional oder logisch aufgebaut?*

Können Sie diese vier Probleme lösen?

1 Der Marketingchef einer Gabelstaplerfirma, Hermann Jahr, hält eine Verkaufsrede vor einer Gruppe von Führungskräften eines Kundenunternehmens, das einen Großauftrag über 300 Fahrzeuge in Aussicht gestellt hat. Herr Jahr präsentiert seine Firma als leistungsstarkes Unternehmen, das flexibel auf Kundenwünsche reagiert und in der Lage ist, auch größere Stückzahlen in hoher Qualität innerhalb kürzester Zeit zu liefern. Alle Argumente sind wohldokumentiert und unterstreichen die Leistungsfähigkeit des Unternehmens. Mit zunehmender Dauer langweilen sich jedoch die Teilnehmer und geben sogar Unmut zu erkennen. Höflich bittet er, Fragen bis nach seinem Referat zurückzustellen.

Warum schafft es Herr Jahr nicht, die Gruppe zu überzeugen?

2 Ein Vertreter des Roten Kreuzes fordert die Mitglieder eines Clubs von Unternehmern zu humanitärer Hilfe für die Erdbebenopfer in einem Entwicklungsland auf. Die Zuhörer sind auch bereit, etwas zu tun. Zum Schluss sagt der Redner, der den Eindruck vermeiden möchte, die Unternehmer drängen zu wollen: „Bitte überlegen Sie sich, was Sie tun können. Ob Sie Geld spenden oder Hilfsgüter zur Verfügung stellen wollen und auf welchem Wege wir Ihre Hilfe in das Katastrophengebiet bringen sollen. Jeder Beitrag von Ihnen ist willkommen.“ Der Vorsatz, die angesprochenen Unternehmer nicht zu drängen, war löblich, aber falsch.

Der Delegierte hatte eine große Chance, hat sie aber verpasst.
Was hätte er anders machen sollen?

3 Sie sprechen vor Ihren Mitarbeitern über den Einsatz von regionalen Marketingmaßnahmen, um eine stärkere Kundenbindung zu erzielen. Ihre Mitarbeiter sind von dieser Idee ebenfalls absolut überzeugt, denn bereits vor einigen Wochen hatten Sie und Ihre Mitarbeiter sich während einer Verkaufstagung darauf geeinigt. Sie führen noch einmal, mit Nachdruck, alle erarbeiteten Argumente an, um Ihre Mitarbeiter zu überzeugen. Und fügen noch ein paar weitere hinzu.

Statt Begeisterung ernten Sie aber plötzlich Skepsis und Zweifel. Die bereits überzeugten Mitarbeiter sind von Ihnen irgendwie falsch angesprochen worden. Können Sie sich vorstellen, was Sie falsch gemacht oder versäumt haben?

4 Kurt Hammann, Forschungschef eines Autoradioherstellers, hält ein kurzes, überzeugendes Referat vor den Mitgliedern der Geschäftsleitung über die notwendigen Entwicklungsanstrengungen, um künftig auch Autotelefone produzieren und anbieten zu können. Er bringt in seinem sehr anschaulichen Referat alle Gründe für die Genehmigung eines Forschungsbudgets vor, erwähnt auch Schwierigkeiten, nennt gleichzeitig aber plausible Lösungsmöglichkeiten und endet mit den Worten: „Darf ich um Ihre Zustimmung bitten?!" Die Reaktion der Geschäftsführung ist eher enttäuschend. Es folgt Schweigen. Statt einer spontanen Zustimmung bekommt der Forschungschef zu hören: „Das müssen wir uns doch noch einmal gründlich überlegen. Wir sollten diese wichtige Entscheidung auf die nächste Sitzung vertagen."

Herr Hammann hat das Gefühl eines Misserfolges. Wie hätte er die Geschäftsführung zu einer Entscheidung bringen können?

Natürlich enthalten Zweckreden auch Informationen. Sonst aber sind sie in Ziel und Anlage grundverschieden. Sie folgen einem einfachen Grundprinzip: Nur der angestrebte Erfolg, das heißt die Zielerfüllung, entscheidet. Unterscheiden Sie zusätzlich zwischen *Überzeugungsreden, Begeisterungsreden und Handlungsreden.* Mit einer Überzeugungsrede möchten Sie die Teilnehmer beeinflussen, mit einer Begeisterungsrede motivieren und sie mit einer Handlungsrede zu einer konkreten Handlung oder Entscheidung bringen.

a) Überzeugungsreden

Anlässe:

Präsentationen, Sitzungen, Tagungen, Verhandlungen.

Zielgruppeneinstellung:

Entweder Gegner (Andersgesinnte) oder Gleichgültige (Uninteressierte). Von negativ bis neutral.

Ziel:

Beeinflussen, bekehren, verkaufen, gewinnen, Einstellungen verändern.

Vorgehen:

Sowohl intellektuell annehmbare Argumente als auch emotional wirksame Sympathie- und Akzeptanzgewinnung.

Sehr viel Empathieeinsatz: Gehen Sie von den Teilnehmern aus.

Weniger Ausstrahlung, vor allem am Anfang, um das Gefühl zu vermeiden, unter Druck gesetzt zu werden.

Gemeinsames Ziel herausstellen.

Vom „Sie“ zum „wir“. „Sie“-Ansprache mündet in „Wir“-Verbundenheit.

Vorteilsversprechen im Vordergrund („Ihr Vorteil“). Laufend betonen.

Annahme erleichtern. Bedeutet: Vorschlag „mundgerecht“ machen.

Taktische Tipps

1. Motivation der Zielgruppe

genau analysieren A: Einstellung? B: Interesse?

A. Einstellung:	1. negativ	2. neutral	3. positiv
B. Interesse:	1. gering	2. mittel	3. groß

Bei A1 und B1 haben Sie es schwer, eine Überzeugungsrede zu halten. A2 und B2 sind machbar. Bei A3 und bedingt B3 dürfen Sie keine Überzeugungsrede halten. Überzeugte Zuhörer könnten hierdurch ihre Überzeugung verlieren. Auch andere Varianten sind natürlich denkbar. Nur wenn Sie wissen, wen Sie vor sich haben, können Sie maßgeschneidert kommunizieren.

2. Gewinnen, nicht überwinden!

Beispiel: Mehrere Ihrer Mitarbeiter haben ein Stellenangebot bei einem Mitbewerber bekommen. Sie wollen sie halten und müssen sie nun überzeugen. Wenn Sie sie nur überreden, ihre Argumente überwinden, sie als unloyal oder sogar als fahnenflüchtig kritisieren und sachlich mundtot machen, dann verlieren Sie Ihre Mitarbeiter entweder sofort oder über kurz oder lang auf jeden Fall. Wenn Sie Ihren politischen Gegnern nachweisen, dass ihre Einstellung logisch unhaltbar ist, können Sie sie nicht gewinnen. Wenn Sie einer Kundengruppe klarmachen, dass es ein teurer Fehler wäre, ein Konkurrenzangebot anzunehmen, geht der Auftrag im besten Fall an einen unbeteiligten Dritten. Gegen seinen Willen lässt sich niemand überzeugen.

3. Gemeinsamen Nenner finden.

Welche Ziele verbinden Sie und Ihre Gesprächspartner? Das sollten Sie herausstellen. Vielleicht benötigen Sie dafür Kompromisslösungen.

4. Laufend das Wort „Sie" benutzen.

Wenn Sie gewinnen (anstatt zu überwinden), Widerstände ausschalten, Meinungen ändern wollen, müssen Sie an das Eigeninteresse der Teilnehmer appellieren.

5. Zeigen Sie Verständnis für abweichende Einstellungen.
„Sie haben Recht" gewinnt ungleich mehr Menschen als „Sie irren sich".

6. Einen negativen Punkt oder Nachteil umgeben sie mit zwei positiven:
„Sie haben bei uns bessere Aufstiegschancen, die andere Firma bietet Ihnen zwar, wie Sie sagen, etwas mehr Gehalt, aber wir dafür eine spektakuläre Erfolgsbeteiligung."

7. Denken Sie auch an die Bedeutung Ihrer Sympathieausstrahlung.
Wenn man Sie mag, haben Sie schon die halbe Schlacht gewonnen. Wenn nicht, können Sie trotz guter Argumente nicht überzeugen.

8. Suchen Sie Unterstützung durch Verbündete:
Referenzen, Praxisbeispiele, Zeugen, Experten, Meinungsbildner.

9. Wichtig: laufend AB.
Erbitten Sie Zustimmung: „Stimmt das? Sehen Sie das auch so? Können Sie dem zustimmen? Können wir diesen Punkt positiv abhaken?" Punkt für Punkt. So sichern Sie sich ab.

Ist es sinnvoll, bei einer Überzeugungsrede sofort „Flagge" zu zeigen oder erst am Ende der Rede? Wer mit einer Überzeugungsrede andere gewinnen will, der muss sie zunächst aufgeschlossen machen. Beispiel: Zwei Bewerber stehen zur Auswahl für den neu zu besetzenden Posten des Verkaufsleiters. Einige Teilnehmer bevorzugen Herrn Krause, Sie aber sind für Herrn Peters. Sagen Sie sofort: „Ich bin für Peters, weil …", dann riskieren Sie, dass Ihnen die Gegner, also die Anhänger des Bewerbers Krause, gar nicht mehr zuhören. Sie wecken keine Neugier, eher Antipathie. Oder – und das ist genauso gefährlich – Ihre Diskussionsgegner suchen nur noch nach einem Schwachpunkt in Ihren Ausführungen. Beginnen Sie dagegen so: „Peters oder Krause, das ist wirklich eine schwierige Entscheidung. Denn einiges spricht für Peters, aber ebenfalls einiges für Krause …" Mit einem solchen Einstieg machen Sie die Teilnehmer neugierig auf das, was Sie sagen werden. Ohne die sonst unvermeidlichen Vorbehalte. Sie erzielen eine offene Kommunikation oder sich festigende Ansichten.

Wenn Sie überzeugen wollen, lassen Sie die Katze nicht sofort aus dem Sack!

Anders ist es bei einer Kampfdebatte (siehe Kapitel 11), einem Podiumsgespräch, einem Expertenforum oder einem Meinungsaustausch mit sehr konträren Meinungen. Dort stehen Sie unter Zeitdruck und müssen oft sofort „Flagge“ zeigen, um überhaupt zu Wort zu kommen und sich bei Gruppenmeinungen zu profilieren.

Sonderhinweis:

Aufbauformel Überzeugungsrede (DIBABA)

Sechs Stichworte, die Ihnen helfen werden, bei einer Überzeugungsrede erfolgreich zu kommunizieren. Behalten Sie die DIBABA-Formel und – üben Sie den 6-Stufen-Aufbau mehrmals an verschiedenen Beispielen!

1. Definieren.

Aber nicht Ihre eigene Meinung, sondern die Wünsche, Ziele, Bedürfnisse der Angesprochenen. Zunächst müssen Sie wissen, was Ihr Gegenüber möchte. Sie sagen sich dabei im Stillen oder auch offen: „Sie wollen …“ Plus AB: „Stimmt das?“

2. Identifizieren

– mit Ihrem Vorschlag, Ihrer Lösung. Also Deckungsgleichheit schaffen. „Sie wollen … Dafür gibt es eine Lösung. Könnte sie so aussehen?“

3. Beweisen.

Und zwar Punkt 2, die Identifizierung. „Sind diese Hinweise und Beweise überzeugend?“

4. Annehmen lassen.

Das heißt Ihren Beweis. Holen Sie sich das Einverständnis durch zustimmende AB. „Das würde also folgende Schlussfolgerung bedeuten … Ist das richtig?“ Das „Ja“ (auch positives Kopfnicken) ist Ihr AB-Signal.

5. Begehren schaffen.

Sie bauen bei Ihren Teilnehmern Wunschgefühle auf. Ihr Vorschlag sollte nicht nur plausibel erscheinen, sondern auch emotionales Verlangen auslösen. Das „wir“ allein genügt nicht. *Jeder* muss sich angesprochen und aufgefordert fühlen.

6. Abschließen.

Ihr Abschluss fasst noch einmal alle sechs Stufen zusammen und erwirkt die prinzipielle Zustimmung.

b) Begeisterungsreden

Anlässe

Auftakt zu Aktionen, Aufforderung zur Zusammenarbeit, Kundgebungen, Aktivierung, Motivationsaufrufe, Abbau von Krisenstimmungen.

Zielgruppeneinstellung

Anhänger – positiv.

Ziel

Anspornen, motivieren, anfeuern, inspirieren.

Bedenken Sie: Logik erzeugt keine Begeisterung!

Vorgehen und taktische Tipps

1. Emotionale Einwirkung,
2. maximale Ausstrahlung,
3. „wir“, „gemeinsam“,
4. Belohnungen versprechen,
5. Gemeinsamkeitsgefühl unterstreichen.

Zu 1. „Der Funke muss überspringen.“ – Emotionen erzeugen Emotionen. Wo kein Funke ist, kann auch keiner überspringen. Logik erzeugt keine Begeisterung.

Zu 2. Um mitreißen zu können, müssen Stimme, Sprache, Dynamik, Entschlossenheit, Eigenüberzeugung in starke Ausstrahlung münden. Sie sollten eine solche Rede nur halten, wenn Sie innerlich überzeugt oder „besessen“ sind.

Zu 3. Eine reine „Wir“-Rede. „Sie“ distanziert.

Zu 4. Man kann nicht nur fordern. Man muss auch geben – wie Erfolgsversprechen, Aussicht auf Belohnungen, Freude, Stolz auf erzielte Leistung. Selbst Churchill versprach in seiner berühmtesten Rede 1940, angesichts des Debakels in Dünkirchen und der befürchteten Invasion, nicht nur „Blut, Schweiß und Tränen“, sonder: „am Ende steht der Sieg“.

Analysieren Sie zuerst genau die Motivation der Zielgruppe! Gibt es eine Gemeinsamkeit?

Zu 5. Handelt es sich um echte Anhänger? Zum Beispiel wenn Sie Ihre Mitarbeiter ansprechen. Deren Stellung als solche besagt wenig. Das vergessen viele Unternehmer. Entscheidend ist Ihr Ziel. Wird es positiv oder negativ aus subjektiver Sicht von den Anwesenden empfunden? Wenn negativ, müssen Sie erste eine Überzeugungsrede halten. Wenn Sie beispielsweise als Vorsitzender Ihre Mannschaft vor einem entscheidenden Spiel „heiß“ machen wollen, brauchen Sie nicht zu überzeugen. Sie motivieren Ihre Spieler, verstärken die positive Stimmung und strahlen Ihr Eigenengagement aus: „Wir schaffen es, Jungs. Die ganze Stadt ist mit uns.“ Oder: „Diesen Rückschlag in der Auftragslage müssen und können wir wettmachen. Sie haben vorhin den Weg dorthin selbst erarbeitet. Also, wollen wir die Ärmel aufkrempeln? Unsere Kollegen zweifeln. Aber das haben sie voriges Mal schon getan. Und auch dieses Mal werden wir es ihnen zeigen, oder?“

Diese Beispiele lassen sich auch auf andere Situationen im Berufsalltag übertragen. Auch während eines Aufrufes bei einer Arbeitssitzung oder einer Betriebsversammlung können Sie sich unterstützen lassen. Bitten Sie beispielsweise ein paar loyale Kollegen, auf die Sie sich verlassen können, Sie bei der einen oder anderen Stelle Ihrer Rede zu unterstützen. Eine sorgfältige Regie ist bei einer Begeisterungsrede ebenfalls notwendig. Wenn Sie auf einer Betriebsversammlung gerade eine mitreißende Rede halten, an deren Ende Sie Solidarität fordern, und wenn bei Ihrem flammenden Appell die Feierabendsirene losheult, dann werden Sie bei den Teilnehmern wahrscheinlich kaum noch Wirkung erzielen. Außerdem sind die entweder schon aufgestanden und im Gehen begriffen oder befinden sich mit ihren Gedanken bereits zu Hause vor dem Fernseher. Also: Sie hätten Ihre Rede früher – oder kürzer – halten müssen. Auch lächerliche Pannen wie störende Lautsprecherdurchsagen, unangebrachte Musikeinlagen oder Lautverzerrung des Mikrofons machen aus Dynamik Komik.

Sonderhinweis: Aufbauformel Begeisterungsrede

1. Ziel.

„Das wollen wir", sagen Sie gleich zu Anfang. Es muss vom ersten Satz an klar sein, welches motivierende Ziel Sie verfolgen. Ein Beispiel aus einem Technologieunternehmen: Der Entwicklungschef spricht zu seinen Ingenieuren. Es geht darum einen Großauftrag gegen harte Konkurrenz an Land zu ziehen: „Wir wollen unbedingt den Auftrag über die Lieferung der neuen Geräte haben!"

2. Belohnung (oder Strafe).

„Das lohnt sich für uns", stellen Sie fest. Nennen Sie nur ein lockendes Ziel, höchstens zwei, ohne viele Einzelheiten: „Mehr Ansehen, mehr Geld. Das bedeutet für das Unternehmen, das heißt für uns: Sicherung unserer Arbeitsplätze auf Monate."

3. Lösung.

„So einfach ist das." Zeigen Sie nur einen, für jeden Teilnehmer leicht zu beschreitenden Weg: „Wir brauchen einfach nur schneller als die Konkurrenten zu sein. Bis übermorgen muss das ganze neue Angebot stehen."

4. Wege.

Mit „So gehen wir vor" kommen Sie zum nächsten Schritt. Beispiel: „Wir werden jetzt unseren eigenen Lieferanten Beine machen und in den nächsten drei Tagen und Nächten einen Prototyp zusammenbauen, den wir vorführen können. Das schaffen die anderen nicht."

5. Nochmals Ziel und Belohnung.
Erinnern Sie die Teilnehmer jetzt wieder an Ihr motivierendes Ziel, und führen Sie die lockende „Belohnung“ noch einmal vor Augen: „Wir wollen den Auftrag haben, um unser aller Arbeitsplätze zu sichern.“

6. Appell, Aufforderung, Begeisterung, Zustimmung.
„Also los!“ Nun muss Ihr Funke bei den Teilnehmern ein Feuer entfachen. Jetzt entscheidet sich, ob Sie es geschafft haben – oder nicht: „Also, Kollegen. Los! An die Arbeit! Einverstanden? Dann bekommen wir den Auftrag!“

c) Handlungsreden

Anlässe:

Abstimmungen, Entscheidungen, Beschlussfassung, Aktionen, konkrete Handlungen.

Zielgruppeneinstellung:

Anhänger bis „Gefolgschaft“, Partner, Kameraden – sehr positiv.

Ziel:

Echte Soforthandlung (Aktion) auslösen. Das heißt erkennbar, kontrollierbar, unmittelbar. Sonst bleibt es eine Überzeugungsrede.

Vorgehen

1. Emotional und logisch
Sie müssen sowohl emotional wie auch logisch zwingend argumentieren. Bauen Sie die zwingend notwendige Soforthandlung logisch auf.

2. Ihre Ausstrahlung
sollte sich während der Rede steigern. Zu starke Anfangssuggestion erzeugt leicht ein Gefühl der geistigen Vergewaltigung und erzeugt Widerstand.

3. „Wir"-Gefühl ansprechen, durchweg „Wir"-Ansprache

Die völlige Identifizierung von Teilnehmern und Kommunikator ist Voraussetzung der Handlung.

4. Schritt-für-Schritt-Aufbau.

Dies ist der erfolgsentscheidende Punkt. Stufen- oder treppenartig sichern Sie jede Teilentscheidung ab. Also, Schlussziel in Etappenziele aufteilen. Zum Beispiel: also wir müssen etwas tun? Stimmt das?" (Zustimmung erwirken). „Es wäre also falsch, zu warten, bis der Kommissionsentscheid kommt, nicht wahr?" (Zustimmung erwirken). „Wir müssen also sofort an die Öffentlichkeit gehen, oder?" (Zustimmung erwirken). „Dieser Schritt bedarf der einstimmigen Zustimmung aller Vorstandsmitglieder" (Zustimmung erwirken). „Das muss vor dem Wochenende geschehen, nicht wahr?" (Zustimmung erwirken). „Sind Sie alle einverstanden, dass ich in Ihrem Auftrag …" (Zustimmung erwirken). Bei einem etwaigen „Nein" gehen Sie auf das „Ja" davor zurück und argumentieren gegebenenfalls anders. Wenn Sie den Vorschlag pauschal gemacht hätten: „Sind Sie einverstanden, dass …, sofort …, bevor …, einstimmig …" usw., hätten Sie möglicherweise ein Pauschal-Nein bekommen, und der Vorschlag wäre gestorben. Verständlich, nicht wahr? Sollten Sie üben!

Wir wissen aus allen unseren internationalen Kommunikationsseminaren, dass die Durchführung mit Stufenaufbau und laufender AB-Absicherung auch sehr fähigen Führungskräften nicht leicht fällt. Also, Teilentscheidungen vor den Teilnehmern abfragen und dann Ihre Rede in einer sofortigen, kontrollierbaren Aufforderung zur Handlung gipfeln lassen.

Taktische Tipps

Wie bei allen Zweckreden müssen Sie auch bei der Handlungsrede die Motivation Ihrer Zielgruppe genau analysieren. Wie hoch ist die Einsatzbereitschaft bei den Teilnehmern? Welches Mindestengagement brauchen Sie? Jetzt kommt es darauf an, ob Sie es schaffen, die Teilnehmer von der Überzeugung über eine Begeisterung (oder Entrüstung) zur Tat (Sofortaktion) zu veranlassen!

Achten Sie auf die *Sofort*aktion, sonst halten Sie bestenfalls eine Überzeugungsrede (wie in einem der vier Praxisbeispiele eingangs) und haben keinerlei Erfolgsgewissheit. Sorgfältige Regie ist auch bei einer Handlungsrede Voraussetzung. Alles muss stimmen. Für den Aufbau Ihrer Handlungsrede benutzen Sie die „Tunnelmethode".

Sonderhinweis: Aufbauformel Handlungsrede (Tunnelmethode)

Am Ende Ihrer Rede soll eine Handlung stehen. Sie wollen Ihre Teilnehmer bewegen, etwas zu tun: einen Aufruf zu unterschreiben, ihre Arbeit niederzulegen oder wieder aufzunehmen, auf einen Monatslohn zu verzichten, einer Vorstandsvorlage zuzustimmen, einen Etat zu genehmigen, eine Investition zu beschließen, einen Vorstand zu wählen oder abzuwählen o. Ä. Stellen Sie sich vor, Sie seien in einem Tunnel, der, von hinten beginnend, durch einen Wassereinbruch überschwemmt wird, und Sie wollen raus. In diese Lage versetzen Sie die Teilnehmer (Sie machen die Teilnehmer sich dessen bewusst). Es muss also etwas geschehen. Sie führen die Teilnehmer durch einen Tunnel und zeigen ihnen den Ausgang vorn. Zurück geht es nicht mehr, und länger warten kann man auch nicht mehr (das Wasser steigt), andere Ausgänge gibt es nicht – den Teilnehmern bleibt kein anderer Weg als den nach vorne, um dem einströmenden Wasser zu entgehen.

Beachten Sie die acht Stufen des Tunnelprinzips (sieh Grafik Seite 208).

1. Zwingende Lösung (Handlung ist notwendig).

An den Anfang stellen Sie die Notwendigkeit einer Handlung (Aktion, Beschluss, Entscheidung). „Wir müssen etwas tun, sonst werden wir von den Ereignissen überrollt."

2. Soforteinsatz unmittelbar (muss jetzt anfangen).

Die Notwendigkeit der Soforthandlung muss natürlich bewiesen werden (zum Beispiel ein zeitbegrenztes Angebot, Verfallstermin, Zugzwang). Sie führen die Teilnehmer durch den Tunnel: „Und zwar sofort. Wenn die Presse am Montag uns zuvorkommt, ist es zu spät. Wenn wir jetzt nicht handeln, dann haben wir schon bald keine Wahl mehr. Dann stehen wir am Pranger."

3. Lustbetont (erzielt eine erwünschte Belohnung).

„Durch unsere Maßnahme, ein erfolgreiches Produkt, dessen schädliche Wirkung noch nicht bewiesen ist, aus dem Verkehr zu ziehen, gewinnen wir Vertrauen in der Öffentlichkeit und bei unseren Mitarbeitern – und ein ruhiges Gewissen."

Die acht Tunnelstufen

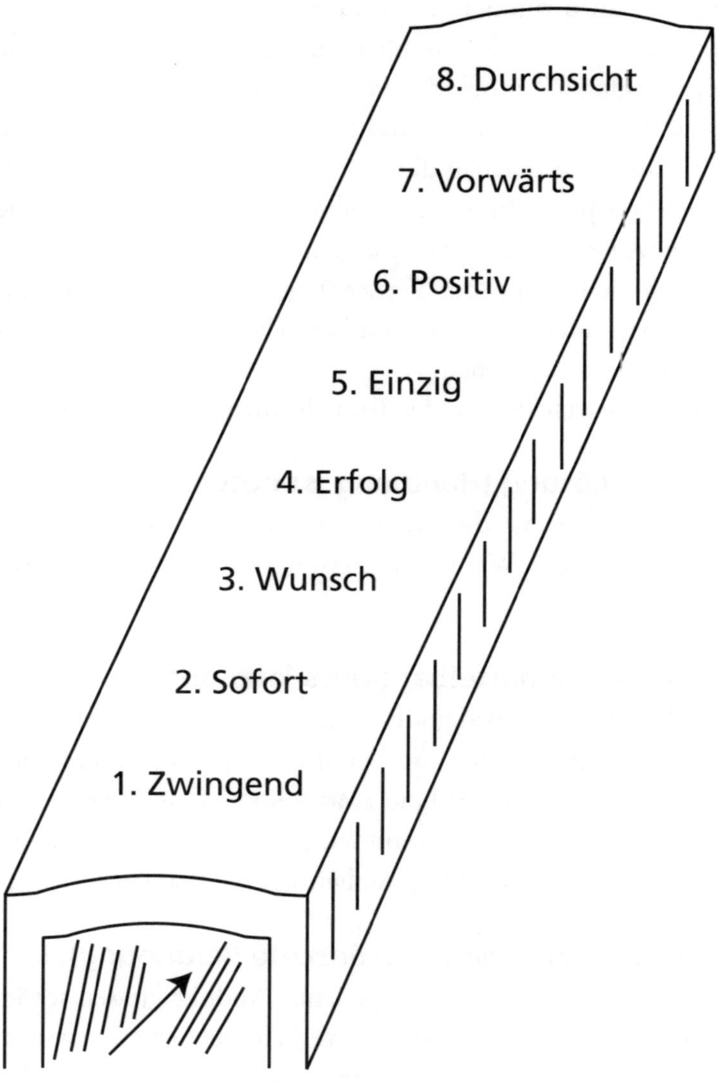

4. Erfolgsversprechen (das gelingt).
Sinngemäß: Wir kommen unversehrt raus aus dem Tunnel. „Wenn wir das fragliche Produkt sofort aus dem Markt ziehen, wird es keine Kampagne gegen uns geben."

5. Andere Lösungen ausschließen (einzige Lösung).
Sinngemäß: Es gibt keine anderen Ausgänge oder Auswege. „Hinhalteversuche, Abwarten, Einholen von Expertenaussagen, vorläufige Erklärungen und so weiter haben wir erwogen – sie schützen uns aber nicht vor einer Pressekampagne, sind also keine Lösungen."

6. Negative Folgen ausschalten (Lösung eindeutig positiv).
Sinngemäß: Wir kommen gesund durch. „Die entstehenden Kosten und entgangenen Gewinne von etwa … tausend Euro können wir dank unserer sehr guten Geschäftsergebnisse ohne weiteres auffangen."

7. Kein Rückzug möglich (es geht nur vorwärts).
Sinngemäß: Die Teilentscheidungen sind schon gefallen, die Aktion ist schon angelaufen. „Es gibt kein Zurück mehr. Vor einem halben Jahr hätten wir noch Korrekturmaßnahmen ergreifen können, aber jetzt ist es zu spät dafür. Die notwendigen Anordnungen sind schon getroffen. Mit Ihrem Einverständnis können sie sofort anlaufen. Die Zeit drängt."

8. Basiert auf achtem Plan (durchdacht).
Sinngemäß: Sie können sich auf uns verlassen. Es ist alles durchdacht. „Hier ist noch einmal der Plan mit den wichtigsten Etappen. Unsere Fachleute haben an alles gedacht. Sie können ihm beruhigt folgen."

Sofortreaktion erwirken.

Nun folgt der Appell zur Entscheidung, zur Abstimmung oder Unterschrift. Ihr Tunnel steht. Dazu einige Hinweise:

① Für eine Aktion mit Teilnahme der Anwesenden geben Sie genaue Anweisungen: „Vor Ihnen liegt für jeden von Ihnen eine Erklärung. Bitte unterschreiben Sie eine der beiden Versionen." Oder: „Bitte Handzeichen für Annahme."

② Leiten Sie die Handlung sofort nach Beschluss ein (berücksichtigen Sie auch die Trägheits- oder Aufschubtendenz der Teilnehmer): „Herr X, geben Sie sofort per Fax unseren Entschluss an alle Stellen durch."

③ Der kleinste, risikofreieste und einfachste gemeinsame Nenner einer Handlung ist ein Mandat (Auftrag) an Sie als Initiator. Je mehr Einsatz Sie von anderen verlangen, desto größer ist Ihr Risiko.

④ Jede Tunneletappe muss bewiesen werden. Es reicht nicht aus zu behaupten: „Es gibt keine andere Lösung." Sie müssen diesen Anspruch auch beweisen. Jede nicht bewiesene Behauptung ergibt Ansatzpunkte eines „Antitunnels".

⑤ Hinweis für einen Antitunnel. Ein Anti- oder Gegentunnel ist die bewusste Zerstörung eines Argumentationstunnels. Auch den sollten Sie beherrschen. Wenn Sie etwa eine Aufforderung zum Streik unterbinden wollen, analysieren Sie die Argumente für den Streik. Greifen Sie die schwachen Stellen auf. Wählen Sie eine oder mehrere der Tunneletappen, die Sie am einfachsten zerstören können. Zum Beispiel, der Redner sagt: „Wir müssen sofort handeln." Sie werfen ein: „Sofort? Warum? Warum müssen? Wir können, müssen aber nicht." Jeder Aufschub verringert die Wahrscheinlichkeit der Durchführung. Oder ein weiteres Beispiel: „Warum können wir nicht zurück? Natürlich können wir das. Wir wollen uns nicht überrollen lassen. Es gibt nichts Endgültiges." Sie brauchen nicht unbedingt Gegenbeweise auszuführen – Zweifel oder Alternativmöglichkeiten können auch ausreichen.

⑥ Total-AB, Totaleinsatz: Nur mit einem maximalen Engagement Ihrerseits werden Sie Erfolg haben. Die aktive Beteiligung der Teilnehmer ist unentbehrlich. Schöpfen Sie alle Ihre kommunikativen Mittel aus.

So, nun können Sie auch die Fragen und die Probleme, die am Anfang des Kapitels stehen, lösen!

Unterscheiden Sie immer, welche der drei Kommunikationsarten Ihrem Ziel entspricht. Dabei die einfachen Aufbauformeln beachten. Sprechen Sie Gefühl und Verstand an. Teilnehmer motivieren, Einstellung richtig erfassen. Ihr Ziel ist, Menschen zu gewinnen, nicht zu überwinden, um zu überzeugen, zu begeistern, zu einer Handlung aufzufordern.

Erfolgsrezepte aus kürzlich erlebter Praxis:

1. Machen Sie aus der Aufgabe, eine konkrete Handlung zu erzielen, keine Überzeugungsrede. So erzielen Sie nie eine Handlung.
2. Machen Sie sich den Ausspruch „In dir muss es brennen" zu eigen. Mut zur Flucht nach vorn.
3. Lesen Sie die meisterhafte Rede von Mark Antonius am Grabe von Julius Caesar in Shakespeares Drama. Sie werden bestätig sehen, wie eine Überzeugungsrede zu einer zwingenden Handlungsrede wird.

11

Diskussion beherrschen – Wie Sie auch mit schwierigen Fragen und Angriffen fertig werden

Können Sie diese vier Fragen beantworten?

1 *Wie ist der Gesamteindruck nach einer sehr guten Rede, aber einer mäßigen Diskussion?*

2 *Kann man durch geschickte Gegenfragen Teilnehmer bei einer Diskussion gewinnen?*

3 *Soll man Absprachen mit befreundeten Teilnehmern vor einer Debatte machen?*

4 *Wer sollte die Diskussion nach Ihrer Rede leiten? Sie selbst, eine neutrale Person, der Veranstalter oder ein Moderator?*

Können Sie diese vier Probleme lösen?

1 Während einer Diskussion auf der Hauptversammlung eines Energieunternehmens zwischen dem Vorstandsvorsitzenden und einem in der ersten Reihe sitzenden Aktionär stören zwei andere Teilnehmer, die im Saal hinten sitzen, mit Zwischenrufen. Zunächst bittet der Vorsitzende die beiden Störer um Ruhe und fordert sie auf, sich später zum Thema zu äußern. Die Störungen gehen aber weiter. Schließlich fordert der Vorsitzende die beiden Herren auf, den Saal zu verlassen. „Ich mache hiermit von meinem Recht als Hausherr Gebrauch."

Was halten Sie von dieser Reaktion?
Und was hätten Sie in einem solchen Fall gemacht?

2 Vorstandsvorsitzender Hans Guthmann ist es gewohnt, dass man ihm in seinem Unternehmen nicht widerspricht. Er ist für seine 750 Mitarbeiter eine Leitfigur. Während einer Reise durch die USA hält er auf einem Spitzenseminar in Boston eine Rede über deutsche Belange. Dabei wird er durch Fragen über Bilanzierung nach deutschem Recht und nach der paritätischen Mitbestimmung, die er sachlich durchaus beherrscht, in die Enge getrieben. Die Diskussion, in Englisch, wird hitzig. Plötzlich fehlen Herrn Guthmann die Worte. Die ungewohnte Rolle und die überraschenden Angriffe führen bei ihm zu einer polemischen Überreaktion.

Hätte er sich aus dieser Situation durch ein anderes Verhalten retten können?

3 Fernsehdiskussion im 3. Programm: Der Unternehmer Z erweist sich in einer Umweltdiskussion als ein brillanter Debatteur. Er weiß auf jede Frage eine Antwort, jeden Angriff entkräftet er präzise mit einem überzeugenden Gegenargument, und schlagfertig kontert er auf jeden Zwischenruf. Er vertritt den Standpunkt der Industrie sowohl offensiv („Was wir in der Vergangenheit alles schon getan haben") wie defensiv („Kostenlage Standort Bundesrepublik"). Herr Z beherrscht die Debatte.

Wie kommt es, dass er zwar respektiert wird, aber keine Sympathie gewinnt?

4 In einem Arbeitgeberverband wird über den Vorschlag diskutiert, zeitweilig die Fünfeinhalbtagewoche einzuführen. Es bilden sich zwei Parteien. Ein Teil der Arbeitgeber ist dafür, der andere dagegen. Herr Müller, ein mittelständischer Unternehmer, der auch politisch aktiv ist, äußert die Ansicht, dass es überhaupt keinen Zweck hat, Andersdenkende überzeugen zu wollen. „In dem Augenblick, in dem ich meine Meinung sage und damit Flagge zeige, tun das die anderen doch auch. Beide Seiten beharren dann auf ihrer Meinung, ohne sich aufeinander zu zu bewegen. Deswegen ist es sinnlos, mit Andersgesinnten zu diskutieren, besonders wenn sie sich emotional und sachlich festgelegt haben. Das bringt überhaupt nichts. Am besten, wir stimmen gleich ab."

Ist diese Einstellung berechtigt?

Jedem Redner passiert es eines Tages: Teilnehmer werden zu Störern und bringen ihn aus dem Konzept. Ein Teilnehmer beginnt eine eigene private Unterhaltung mit einem Nachbarn. Oder er unterbricht die Rede, stellt eine unangenehme Frage, macht einen Witz auf Kosten des Redners, widerspricht ihm wiederholt oder versucht sogar, ihn am Weiterreden zu hindern. Was würden Sie tun, wenn Sie während einer Rede angegriffen werden? Hier ein paar Ratschläge, falls Ihnen so etwas demnächst einmal passieren sollte …

1. Wenn Sie überzeugend antworten können, tun Sie es.

Sachlich, bestimmt, freundlich. Das ist die beste Antwort auf eine Störung. Wenn Ihnen ein Wortspiel oder eine elegante Gegenattacke – Florett, nicht Säbel – einfällt, gewinnen Sie doppelt.

Einem Politiker wurde während einer Debatte über die Quotenregelung von einer feministischen Teilnehmerin zugerufen: „Wenn Sie mein Mann wären, würde ich Ihnen Gift ins Essen mischen." Er antwortete ihr knapp: „Wenn Sie meine Frau wären, würde ich es wahrscheinlich nehmen." Er hatte die Lacher auf seiner Seite und bekam die Veranstaltung wieder in seine Hand.

2. Nicht überreagieren.

Wenn Sie allein auf dem Podium stehen, sind Sie auch harmlosen Fragen gegenüber überempfindlich. Man fühlt sich angegriffen, ohne es zu sein. Das geht allen so. Die Überreaktion führt natürlich zu einer Eskalation. Dadurch entsteht wirklicher Schaden.

Also: Erst einmal tief Luft holen, sich entspannen, innere Emotionen abbauen. Frage oder Einwand die Schärfe nehmen und bewusst verharmlosen. Sie werden merken: Damit kommen Sie am weitesten.

3. Jegliche Kritik als Wunsch nach weiteren Informationen deuten und als direkte Folge drei „Ja"-Antworten erstreben.

Deuten Sie jeden Einwand, jede unangenehme Frage, jeden Angriff als Wunsch nach weiteren Informationen, und behandeln Sie ihn entsprechend. Beispiel: Sie werden angegriffen. „Das, was Sie eben sagten, kann ja wohl nicht Ihr Ernst sein!“ Ihre Antwort: „Das, was Sie gehört haben, hat Sie nicht befriedigt, nicht wahr? Sie wollen mehr sachlich untermauerte Informationen haben. Ist das richtig? Sind Sie einverstanden, wenn ich es noch mal versuche?“ Auf diese drei positiven Fragen bekommen Sie sicher ein dreifaches Ja, und Sie schaffen damit eine entspannte Atmosphäre. Machen Sie dies systematisch. Jeden Angriff als Informationswunsch deuten. So kommt keine Gegnerschaft auf.

4. Bei wirklichen Schwierigkeiten

verfolgen Sie eine bewusste Strategie: Zeit gewinnen! Das ist besser, als wenn Sie aus der Erregung heraus falsch argumentieren oder keine Argumente finden. Verschieben Sie die Frage (zeitlich). „Können Sie die Frage gleich noch einmal stellen?!“ Oder: „Lassen Sie uns diesen Punkt unter einem anderen Aspekt später noch einmal aufgreifen.“ Oder offen: „Lassen Sie mich das einen Augenblick überlegen.“ Das ist sogar ein Kompliment an den Frager. Vorteile:

① Sie gewinnen Sicherheit und die Führung der Veranstaltung.
② Sie entschärfen die Diskussion.
③ In der Zwischenzeit können Sie strategische Pluspunkte sammeln. Zum Beispiel, indem Sie die bisherigen Übereinstimmungen zusammenfassen: „Wir waren uns einig in Bezug auf Punkt a, bei Punkt b auch. Punkt c, den müssen wir noch mal aufgreifen. Und bei Punkt d waren wir uns doch auch weiterhin einig …“
④ Der Punkt erledigt sich vielleicht von selbst.

Weitere Möglichkeiten:

1. Sie gewinnen auch Zeit und Einsicht, wenn Sie den Frager bitten, seine Frage zu wiederholen, sie näher zu erklären oder Motive für die Frage (oder den Einwand) zu nennen.

Zeit gewonnen, fast alles gewonnen!

2. Sie schalten andere Teilnehmer ein und machen aus einer Auseinandersetzung eine Kommunikation (AB). Sie fragen

b) eine bestimmte Person (Experten);
c) die ganze Gruppe (die sich auch untereinander über die Frage unterhalten kann);
d) den Frager selbst (der sich freuen wird, sich zur Geltung zu bringen).

Dieser Weg bringt Sie naturgemäß viel weiter. Der Weg der Kommunikation.

5. Natürlich können Sie auch einen Störer isolieren.

Wenn Sie das Gefühl haben, dass die Frage die anderen Teilnehmer wahrscheinlich nicht interessiert, oder glauben, dass der Zwischenrufer eher unsympathisch auf die Gruppe wirkt, dann können Sie einfach einmal die Frage in den Raum stellen: „Sind viele Teilnehmer an diesem Thema interessiert?“ Kommt keine Reaktion – das ist meistens der Fall –, haben Sie die Lage bereinigt. Melden sich doch zwei, drei Teilnehmer, können Sie immer noch sagen: „Gut, dann unterhalten wir uns nachher darüber, oder Sie sind so freundlich und kommen später zu mir.“ Machen Sie keine Pause, sonst wird der Störer Sie festnageln wollen: „Nein, das will ich jetzt geklärt haben.“ Auf jeden Fall freundlich und bestimmt. Reagieren Sie mit einer gewissen Toleranznote: „Nichts für ungut – nachher treffen wir uns zu einem Bier.“ Oder: „Vielleicht finden wir später noch einen gemeinsamen Nenner.“

Vorsicht: Die Frage richtig formulieren. Bei „Ist sonst noch jemand an der Frage interessiert?“ meldet sich sicher jemand. Und damit müssten Sie den Zugzwang wahrnehmen.

6. Eine weitere Möglichkeit:

Alliierte mobilisieren! Wenn Sie wissen, dass die Mehrheit auf Ihrer Seite ist, sagen Sie: „Es ist 11.30 Uhr. Meine Damen und Herren, wollen wir zum nächsten Punkt übergehen, damit wir vor dem Essen fertig werden?“ Dabei beachten, dass Sie positiv formulieren, damit Sie ein zustimmendes „Ja“ als Reaktion bekommen. Sie müssen die schweigende Mehrheit für sich gewinnen. Überlegen Sie gut, wie Sie das bewerkstelligen. Greifen Sie auf keinen Fall den Störer an. Sie erreichen nichts Gutes damit, da sich ein Teil der Gruppe immer zum Schutz des Störenden gesellt.

7. Und noch eine Methode

– den Medienprofis abgeguckt: Kein Redner, also auch nicht der Störenfried, der Sie gerade unterbrochen hat, kann länger als fünfzehn bis sechzehn Sekunden reden, ohne Luft zu holen. Achten Sie auf die Atempausen. Das ist Ihre Chance. Wenn der Störer kurz Luft holt, fallen Sie ihm ins Wort, und zwar blitzschnell. Tun Sie das mutig, energisch, mit kraftvoller Stimme. Sagen Sie nicht: „Entschuldigen Sie, dass ich Sie unterbreche." Sie riskieren: „Nein. Unterbrechen Sie mich nicht!" Guter Aufhänger für Ihre Unterbrechung dafür: „In diesem Zusammenhang, Herr Stünzel ..." Sie brauchen nicht zu befürchten, dass Sie damit einen schlechten Eindruck auf andere Teilnehmer machen. Im Gegenteil: Wenn Sie ihrerseits den Störer mit seinen eigenen Waffen lahm legen, ist Ihnen die Bewunderung der Teilnehmer sicher und – Sie bekommen das Heft wieder in die Hand.

8. Eine einfache Methode,

einen störenden Teilnehmer in den Griff zu bekommen, wird nur zu selten angewandt. Dabei ist sie nicht nur elegant, sondern auch ausgesprochen erfolgreich: Bitten Sie den Störer aufs Podium. Meistens sitzt der Zwischenrufer in den hinteren Reihen, zusammen mit „Gesinnungsgenossen". Dort fühlt er sich stark. Dort müssen Sie ihn herausholen. Also fragen Sie erst einmal: „Herr ..., wie war doch Ihr Name?" Wenn er antwortet, sagen Sie: „Ich verstehe Sie nicht!" Der Zwischenrufer nennt seinen Namen etwas lauter. Jetzt gehen Sie weiter: „Ach, Herr Eigenmann, würden Sie bitte mal raufkommen, hier aufs Podium. Da versteht man Sie besser." Jetzt hat der Angesprochene zwei Möglichkeiten. Die erste: Er kneift. Dann sind Sie auf der Siegerstraße und können sagen: „Aber man versteht Sie hier kaum. Schade. Denn das, was Sie sagten, ist doch sicher sehr wichtig. Können wir uns später kurz sehen?"

Die zweite Möglichkeit: Der Mann – oder die Frau – kommt nach vorn. Umso besser. Auch in diesem Fall droht Ihnen kaum noch Gefahr. In dem Augenblick, in dem er sein Revier verlässt und Ihr „Spielfeld", das Podium, betritt, begibt er sich – wenn er kein ausgesprochener Kommunikationsprofi ist – in Ihre Hand. Sie sind höflich und begrüßen ihn mit Handschlag: „Vielen Dank, dass Sie gekommen sind. Wir sind alle gespannt. Wie viel Zeit brauchen Sie? Sagen Sie uns noch kurz etwas zu Ihrer Person." Mit einer derartigen freundlichen Einweisung macht man Raubtiere zahm. Sie sind Chef im Ring, der Störer hat die schwächere Position. Geben Sie sich ausgesprochen hilfreich. Mit etwaigen Gegnern immer auf Tuchfühlung gehen.

Mit etwaigen „Gegnern" auf Tuchfühlung gehen.

Auch wenn er nur zwei, drei Minuten sprechen will, geben Sie ihm fünf Minuten. So viel Zeit kann er wahrscheinlich gar nicht füllen, ohne die Teilnehmer zu langweilen. Dabei immer freundlich aussehen. Und ganz wichtig: Versuchen Sie nicht, den Störer lächerlich zu machen! Die Teilnehmer schlagen sich sonst sogar auf seine Seite, halten Sie für arrogant. Nutzen Sie Ihre Möglichkeiten! Sie haben ein Mikrofon, die Zwischenrufer aber nicht. Sprechen Sie laut und mit fester Stimme. Die Einwände wirken dann schon akustisch schwach. Sie stehen im Blickfeld. Die Zwischenrufer nicht. Und nicht vergessen: Selbstbehauptung! Mut zur eigenen Meinung. Vertreten Sie sie, und setzen Sie dabei Ihre ganze Überzeugung und Ausstrahlung ein. Wenn Sie merken, dass Sie dabei sind durchzudrehen, machen Sie eine Kunstpause, atmen tief durch, denken kurz an etwas Positives – und sprechen dann mit gut gefüllter Lunge aus, was Sie zu sagen haben.

Durchatmen bringt immer Ruhe!

9. Wenn Sie sich gegen Störungen zur Wehr setzen müssen,

vergessen Sie EMMA 2 nicht. Erinnern Sie sich? „Erzähl mir mal alles!" Lassen Sie den Betreffenden nicht nur ausreden, ja, fordern Sie ihn auf, noch mehr zu sagen: „Sicher haben Sie sich noch weitere Gedanken darüber gemacht." Oder: „Welche besonderen Gründe veranlassen Sie zu Ihrer Aussage?" Er muss reden, mehr, als ihm wahrscheinlich lieb ist. So lassen Sie ihn (oder sie) leer laufen. Je mehr er redet, je mehr Angriffsflächen bietet er. Darauf ist der Störer sicherlich nicht vorbereitet.

10. Auch mit Gegenfragen können Sie Störer abfangen.

Und wenn Sie auf einen Einwurf hin eine Gegenfrage stellen, gewinnen Sie die Initiative zurück. Sie sind wieder am Zug. Sie verteidigen sich nicht, sondern Sie sind in der Offensive. In der Kommunikation gilt: Offensive gewinnt immer über Defensive! Die Gegenfrage kann sachlicher Natur sein, aber auch eine persönliche („Wie kommt es, dass gerade Sie …"). Die dritte Form der Gegenfrage: die Bumerangfrage. Sie wirft die Frage in umgewandelter Form wieder zurück und hat noch eine weitere Funktion. Sie soll abklären, welche Antwort oder Auskunft den anderen befriedigen würde. Diese Frage („Was würde Sie denn zufrieden stellen?" oder „Auf welchem Punkt könnten wir uns denn einigen?" oder „Wo sehen Sie denn selbst eine Lösung?") muss vor Ihrer Antwort kommen. So bemühen Sie Ihre Phantasie nicht umsonst, legen Ihr Gegenüber fest und kontrollieren die Situation.

11. Noch ein Hinweis, um mit Angriffen fertig zu werden:

Beachten Sie die Eisbergsituation. Denken Sie an einen Eisberg: Der größere Teil liegt unter dem Wasserspiegel, ist nicht zu sehen. Oben der Verstand. Unten das Gefühl. In einer Diskussion oder Debatte kann man auf zwei Ebenen kommunizieren: auf der intellektuellen Ebene des Verstandes und der Logik – oder auf der unsichtbaren, größeren, aber weitaus gefährlicheren, emotionalen Ebene der Gefühle. Wenn Sie auf der intellektuellen angegriffen werden, müssen Sie auch verstandesgemäß reagieren. Werden Sie emotional angegriffen, dann wehren Sie sich emotional.

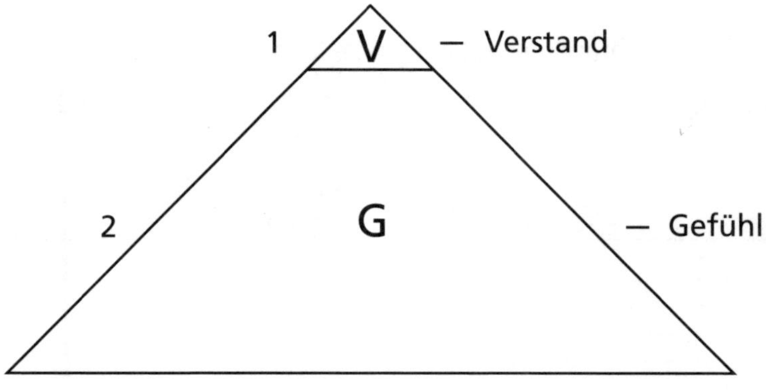

Die Kommunikationsebene:

Was Sie also nicht tun dürfen: eine so genannte gekreuzte Kommunikation verwenden. Sie ist gefährlich und zwecklos. Sie werden zum Beispiel mit rationalen, nüchternen Argumenten angegriffen und reagieren aufgebracht, emotional erregt: „Wie kommen Sie dazu, mich der Unterstellung zu bezichtigen?!" Ein gefährlicher Fehler. Ihr Gegenüber wird Sie kühl und zwingend auffordern, seinen Sacheinwand sachlich zu beantworten. Wenn Sie das nicht tun, liegen Sie im nächsten Augenblick am Boden. Der Angreifer kann Sie jetzt mit seiner Logik vor der gesamten Gruppe bloßstellen.

Umgekehrt ist es genauso fatal: Sie werden emotional angegriffen, reagieren aber auf der Verstandesebene. Der Angreifer ruft empört durch den Saal: „Sie sind ein Scharlatan. Sie manipulieren ja die Zahlen. Wie kommen Sie überhaupt zu solchen Aussagen?" Sie als Angegriffener versuchen, ruhig Blut zu behalten, und sagen: „Darf ich der Sicherheit halber diese Punkte noch einmal ausführlich wiederholen, damit keine Missverständnisse entstehen? Und zusätzlich noch folgende wichtigen gesicherten Untersuchungshinweise ..." Nein, so nicht. Sie geben bei dieser derart gekreuzten (emotional/logisch) und gestörten Kommunikation ein unglückliches Bild ab. Besser: „Herr Böse, wenn Sie das aufregt, kann ich das sehr gut verstehen. Denn wenn das so wäre, wie Sie glauben, würde mich das auch aufregen. Es ist aber etwas komplizierter." Jetzt haben Sie emotional auf einen emotionalen Angriff reagiert. Danach kann die Diskussion je nach Reaktion entweder sachlich/sachlich oder möglicherweise noch weiter emotional/emotional geführt werden. Wenn Sie dieses Vorgehen beherzigen und beherrschen, werden Sie ausgezeichnet bei Debatten bestehen. Mehr hierüber in der einschlägigen Literatur über „Transaktionsanalyse".

Gleichförmige und gekreuzte Kommunikation

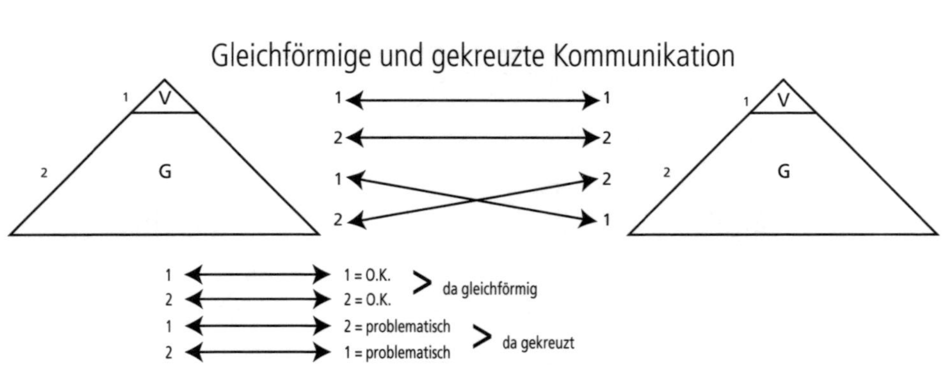

Immer auf der gleichen Reaktionsebene kommunizieren!

12. Die gesammelte Erfahrung unserer internationalen Kommunikationsseminare zeigt immer wieder:

Verstehen und verwenden sind nicht gleichbedeutend. Deshalb: Trainieren. Wenn Sie häufig mit Störungen und Angriffen zu tun haben, sollten Sie Ihre Paraden trainieren. Sie kennen ja die Problematik mit dem Glatteis im Winter. Den ganzen Sommer fahren Sie auf normalen Straßen. Und treffen Sie auf einmal auf Glatteis – schon reagieren Sie falsch. Wenn man das Fahren auf Glatteis auf einer Übungsstrecke trainiert, ist man für den Ernstfall gewappnet. Das Gleiche gilt für Kommunikation. Es reicht nicht, diese Zeilen zu lesen und sich den Fall einer Störung theoretisch vorzustellen, sondern er muss geübt werden. Ein einfacher Tipp für den Hausgebrauch: Bilden Sie mit Freunden eine Gruppe, und lassen Sie sich laufend angreifen. So trainieren Sie den Ernstfall. Sie werden merken, Sie werden mit Störungen dann viel besser fertig. Der breite Raum der Ausführungen über Verhalten bei Angriffen sollte Ihnen keinesfalls den Eindruck vermitteln, als seien Angriffe und Störungen die Regel bei Kommunikationsaufgaben. Die große Mehrzahl von Fragen, Einwänden und Hinweisen sind fairer und positiver Natur (auch wenn Sie das als „Betroffener" nicht immer so empfinden).

So viel über das Verhalten bei Störungen und Angriffen während einer Rede. Jetzt zum Verhalten nach Ihrer Rede. Oft schließt sich an einen Vortrag eine Diskussion an. Hier gilt:

Eine ausgezeichnete Rede wird durch die schlechte Figur, die der Redner möglicherweise in der anschließenden Diskussion abgibt, häufig vollkommen zunichte gemacht. Der letzte Eindruck bleibt.

Hier noch einige weitere Ratschläge

1. Bei Redeschluss Podium verlassen.

Nach dem Schluss einer Rede, die gut angekommen ist, bekommen Sie von den Teilnehmern häufig herzlichen Beifall. Bedanken Sie sich? Niemals! Verbeugen? Niemals! Sie sind doch kein Schauspieler oder Musiker. Dank für den Dank aussprechen. Niemals. Sie haben (noch) keinen Nobelpreis für Ihre Leistung bekommen. Für den Künstler ist die Darbietung Zweck. Für Sie aber ist die Rede nur Mittel zum Zweck. Also: Verlassen Sie das Podium – ohne irgendwelche Gesten. Der Beifall wird Ihnen auch so zuteil werden. Nehmen Sie Ihre Unterlagen mit, oder lasen Sie sie von jemandem aus Ihrer Umgebung einsammeln. Was Sie dort oben während der Rede als Hilfsmittel benutzt haben, geht keinen etwas an.

2. Sie wissen aus dem Programm:

Nach Ihrer Rede ist eine Diskussion angesetzt.

2.1 Wort nur bei und nach Diskussion (oder Fragen) neu ergreifen.
Widerstehen Sie jeder Versuchung, an Ihren Vortrag noch etwas anzuhängen – auch wenn Ihnen noch etwas Wichtiges einfallen sollte. Es geht in der Aufbruchstimmung unter.

2.2 Und hier jetzt eine wichtige strategische Regel:
Nie mit der Diskussion bzw. Fragen und Antworten aufhören. Diskussion am Ende birgt erhebliche Risiken:

1. Sie kann schief gehen, auch ohne Ihr Verschulden;
2. Sie haben keine Gelegenheit, Dinge zurechtzurücken;
3. Sie kann mit einer Dissonanz enden;
4. Sie selbst sind nur noch bedingt Mittelpunkt;
5. Sie kann inhaltlich enttäuschen.

Also vorher ankündigen: „Nach dem Referat eine Diskussion von … bis … Danach kurze Zusammenfassung und Ausblick seitens des Referenten." Für Sie bedeutet das, dass Sie zwei Redeabschlüsse brauchen: einen für das Ende Ihres eigentlichen Vortrages, den zweiten für das Schlusswort der Diskussion. Den ersten Redeabschluss können Sie genau planen, den zweiten nur in Ansätzen, denn Sie wissen ja nicht, was in der Diskussion angesprochen wird.

Strukturieren Sie Ihren zweiten Redeabschluss also so, dass Sie flexibel auf den Verlauf der Diskussion eingehen können. Sie können zurechtrücken, erklären, auftauen. Mit dem Schlusswort hinterlassen Sie den letzten Eindruck. Sorgen Sie immer dafür: Sie müssen das letzte Wort haben!

3. Bestimmen Sie Ihr Ziel für die Diskussion

– und planen Sie entsprechend. Was soll die Diskussion? Vertiefen? Zusätzlichen Stoff liefern? Allseitige, auch gegenteilige Ansichten eingehend erörtern? Die Wirkung verstärken? Als reine Formalität dienen? Als Ziele könnten auch im Programm stehen: „Ein Gedankenaustausch" oder „Erarbeitung neuer Wege" oder „Klärung weiterer Fragen". Jedes dieser Ziele verlangt ein anderes Vorgehen. Als Redner sollten Sie Einfluss nehmen auf den Schwerpunkt der Diskussion, die möglicherweise Ihrem Vortrag folgt.

4. Richtig organisieren.

Spielregeln bekannt geben und annehmen lassen. Leiter bestimmen. Regie führen. Alles unter dem Zielaspekt (Punkt 3). Wer soll Ihrer Meinung nach die Diskussion leiten? Sie haben drei Möglichkeiten: der Veranstaltungsleiter, ein professioneller Moderator oder Sie selbst. Die gefährlichste Lösung ist häufig ein Moderator. Er wird hauptsächlich dafür bezahlt, dass er die Diskussion interessant macht. Um Spannung zu erzielen, heizt er die Atmosphäre an. Das kann leicht zu Ihren Lasten gehen. Der Moderator kann sich am besten zur Geltung bringen, wenn er versucht, dem Referenten zu widersprechen, ihn zu provozieren und aus der Reserve zu locken. So kann er brillieren. Tipp: Versuchen Sie, den Moderator auf jeden Fall vor der Diskussion kennen zu lernen – und für Sie zu gewinnen.

Für den Veranstalter als Leiter der Diskussion spricht, dass er Ihnen nichts Böses will, weil ihm der harmonische Ablauf der Veranstaltung wichtig ist. Sein Nachteil: Er ist häufig kein Profi. Die beste Lösung: Sie übernehmen selbst die Leitung und können die Diskussion so steuern, wie Sie es wollen. Dadurch bietet sich Ihnen die Gelegenheit, eine Diskussion nach Belieben in Ihre Rede einzubinden. Sie haben dann auch das letzte Wort. Und Sie nehmen der Diskussion etwaige Schärfe. Mit dieser Lösung gehen Sie das geringste Risiko ein!

Als Leiter obliegt es Ihnen, die Spielregeln und das Vorgehen vorzuschlagen und annehmen zu lassen.

Sie können sich die Zustimmung der Teilnehmer sichern: „Wie lange wollen wir diskutieren? Eine halbe Stunde? Einverstanden? Die Fragen bitte so kurz wie möglich, höchstens jeweils eine Minute. Die Antworten nicht länger als „x“ Minuten. Einverstanden?“ Was einmal festgelegt ist, gilt bis zum Ende der Veranstaltung und – für alle! Stichwort: Das gilt für die Regie – wie Struktur, Reihenfolge, Steuerung. Auf Handzeichen achten, niemanden übersehen. Die erste Frage entscheidet das Niveau der folgenden Fragen. Aber wenn möglich vorbereiten.

5. Noch einmal:

Bemerkungen oder Einwände prinzipiell als Aufforderung für Aufklärung betrachten und behandeln. Wenn Sie auf dem Podium stehen oder eine Veranstaltung leiten, reagieren Sie überempfindlich auf Kritik. Sie glauben das nicht? Es ist so! Man fühlt sich angegriffen, ohne es zu sein. Dabei sind viele Fragen keine böse Kritik, sondern Missverständnisse oder Unklarheiten. Seien Sie selbst positiv eingestellt! Das gibt Ihnen die nötige Gelassenheit.

6. Für eine gute Atmosphäre sorgen.

Positiv ausdrücken, was nicht absolut negativ ist. Nicht: „Das stimmt nicht“, sondern: „Folgendes stimmt …“ Freundlich aussehen (auch wenn's schwer fällt). Teilnehmeräußerungen – sei es Einwand oder Frage – loben („Das ist ein guter Hinweis“). Damit kanalisieren Sie Profilierungsbedürfnisse. Keine Duelle aufkommen lassen. Möglichst alle beteiligen („Stellen Sie mal fest, was Ihr Nachbar dazu sagt“). Frager gegebenenfalls in Schutz nehmen (bei banalen oder törichten Äußerungen), seinen/ihren Hinweis aufwerten. Schafft Sympathie und ermutigt andere, sich zu beteiligen.

Mehrere der Ratschläge, die Sie gerade gelesen haben, gelten auch für Debatten, zu denen Sie als Vertreter einer bestimmten Position eingeladen werden. Sie sitzen zusammen mit Vertretern entgegengesetzter Richtungen: Unternehmer – Umweltschützer, Arbeitgeber – Gewerkschafter, Bürgerliche – linksorientierte Politiker, Personalchef – (anarchistische) Fundamentalisten usw.

Zehn konkrete Ratschläge, um in einer Debatte souverän aufzutreten und – andere zu überzeugen.

1. Vorher anfangen. Einstellungen erkunden.

Spielen Sie vor einer Debatte „Pfadfinder"! Stellen Sie fest, welche Meinung zu dem zur Debatte stehenden Thema die übrigen Teilnehmer haben. Dann kennen Sie schon zu Beginn der Veranstaltung die Fronten: Wer sind Ihre Gegner, wer Ihre Verbündeten? Welches Gewicht haben sie? In welchem Maße können Sie Gegner individuell vorher beeinflussen? Und wie stimmen Sie sich mit Ihren Verbündeten ab? Das sollten Sie auf alle Fälle nachdrücklichst tun, so dass nicht jeder „sein eigenes Süppchen kocht".

2. Thema genau analysieren.

Was will man eigentlich debattieren? Was steckt hinter dem Thema? Dient es Ihrem Zweck, es eng oder breit zu fassen? Schreiben Sie sich das ruhig auf. Es gibt Debatten, in denen sich die Teilnehmer über alles Mögliche die Köpfe heiß reden – nur nicht über das eigentliche Thema. So stand ursprünglich auf dem Programm einer Geschäftsführungssitzung eines Buchverlages: „Die Vermeidung von geschäftsschädigenden Einflüssen bei unserer Inkassopolitik." Nach einer halben Stunde debattierten die Teilnehmer, ob man überhaupt unaufgeforderte Verkaufsbesuche bei Großkunden machen sollte. Das geht sehr schnell. Und häufig in Richtung Ausuferung und Verflachung.

3. Auf wenige Argumente – und auf das eigentliche Thema – konzentrieren.

Zwei, drei gute Argumente haben mehr Erfolg als das Aufzählen von acht oder zehn Argumenten. Noch schlimmer, wenn acht Teilnehmer Ihrer „Fraktion" acht verschiedene Gedanken vorbringen. Die wenigen Argumente müssen eindringlich und eindrucksvoll dargestellt werden. Gute Argumente können auch wiederholt oder mit Beispielen belegt werden.

4. Rollen verteilen. Zuhören.

Äußerungen anpassen. Unterbrechen.

Nehmen an der Debatte mehrere Mitglieder einer Gruppe, einer Geschäftsführung, einer Organisation oder einer Partei teil, sollten Rollen verteilt werden. Das ist Aufgabe der Fraktionsbesprechung. Einige Mitglieder beschränken sich aufs Zuhören, andere gehen speziell auf Argumente der Gegenseite ein, wieder andere notieren Argumente und neue Ideen und schieben sie gegebenenfalls denen zu, die aktiv debattieren. Wenn alle Teilnehmer sich auf eigene Aussagen konzentrieren, hört niemand mehr genau zu, was die anderen sagen. Keine Debatte läuft genauso wie erwartet. Man muss sich also anpassen. Die Aussage: „Eigentlich wollte ich etwas sagen, aber das hat sich inzwischen ja erledigt. Trotzdem möchte ich das doch noch kurz anbringen“ ist purer Unsinn! Was in der Debatte davongelaufen ist, ist weg.

Wenn eine Debatte festgefahren ist oder auszuarten droht, kann eine Verschnaufpause Wunder wirken. Haben Sie den Mut, zu unterbrechen und um zehn Minuten Pause zu bitten. „Time out“ nennt man das beim Sport. So kommt man aus dem Clinch heraus, kann Luft schnappen, neue Gedanken sammeln, sich erneut abstimmen. Eine solche Unterbrechung verbessert auch die Atmosphäre der Debatte. Diese Chance wird zu selten wahrgenommen.

5. Legen Sie sich nicht zu schnell fest.

Wer in einer Debatte zu früh eine dezidierte Meinung äußert, wird für den Gegner leichter angreifbar. Rückzieher sind immer unangenehm. Mit einem Einstieg wie: „Ich bin für Lösung Z, und zwar aus folgendem Grund …“ werden Sie außerdem nicht einen einzigen Gegner auf Ihre Seite ziehen. Und trotzdem hören Sie diesen Unsinn laufend bei Debatten. Am Anfang lieber erst mal andere zu Wort kommen lassen. Natürlich: Wenn es hoch hergeht in der Debatte, wenn heiß gekämpft wird und es schwer ist, überhaupt zu Wort zu kommen – dann kann man schon einmal deutlich werden: „Jetzt ist es wohl an der Zeit, einmal ganz klar zu sagen …“, ohne aufzubrausen.

6. Starker Anfang – starker Schluss.

Schwache Punkte angreifen – starke Punkte verteidigen.

Schon in den Kapiteln 6 und 7 lasen Sie: Starker Anfang – starker Schluss. Der erste Satz ist der zweitwichtigste, der letzte Satz der wichtigste. Das gilt auch für jeden Ihrer einzelnen Beiträge während einer Debatte. Deswegen: Vorher genau überlegen, mit welchem Satz Sie Ihre Meinungsäußerung beginnen und mit welchem Sie sie schließen wollen. Hören Sie auch gut zu. Welches der Argumente der anderen war am wenigsten stichhaltig? Wie beeinflussen die vorgebrachten Argumente Ihre eigenen vorbereiteten? Wo ist der Schwachpunkt in der Beweiskette? Wo sind die Lücken? Es ist offensichtlich sinnvoller, die schwachen Punkte Ihres Debattengegners anzugreifen, als seine starken. Wenn Sie angegriffen werden, ziehen Sie sich auf Ihre stärksten Argumente zurück. Diese sind leichter zu verteidigen und bringen Pluspunkte.

7. AV, AB benutzen.

Lesen Sie noch einmal in den Kapiteln 2 und 5 nach. Audiovisuelle Hilfsmittel und Aktive Beteiligung der Teilnehmer sind natürlich nicht nur in einer Rede sinnvoll, sondern auch in einer Debatte.

8. Jeden gemeinsamen Nenner aufgreifen.

Danach suchen.

Sobald Sie einen gemeinsamen Nenner erkennen – und sei er noch so klein –, benutzen Sie ihn für einen Brückenschlag. Nie hat jemand zu 100 Prozent Recht oder zu 100 Prozent Unrecht. Gehen Sie positiv in jede Debatte. Unterstellen Sie den anderen Teilnehmern nichts Böses. Deuten Sie auch negative Äußerungen positiv. Und wenn Sie hören, dass ein Debattengegner etwas sagt, das mit Ihrer Meinung weitgehend übereinstimmt, dann sagen Sie es ihm. Dabei bauen Sie unnötige Spannungen ab und kommen einer gemeinsamen Lösung näher. Lob schafft Sympathie – und entwaffnet.

Und jetzt überlegen Sie mal: Wann haben Sie zuletzt einen Politiker (oder auch andere Debatteure), über einen Gegner sagen hören: „Sie haben Recht“ (und zwar ohne „… wenn und aber“)? Und wie häufig hören Sie dagegen: „Sie irren sich (oder haben Unrecht), und zwar …“? Wann haben *Sie* zuletzt gesagt: „Sie haben Recht“? Kampfdebatten sind keine Kommunikation.

9. Vermeiden Sie isolierte Stellungnahmen.

Sammeln Sie Verbündete. Nicht „ich“, sondern „wir“. In einer Debatte kommt es darauf an, massive Unterstützung für die eigene Position zu gewinnen. Wenn Sie sich mit Ihren Äußerungen isolieren, fehlen Ihnen die Verbündeten. Sagen Sie „wir“ statt „ich“. Lassen Sie sich nicht getrennt schlagen. Für einen Debattengegner ist es schwierig, gegen eine ganze Gruppe zu argumentieren.

10. Zugeständnisse spät. Hohes Initialziel vorlegen.

Nicht allzu „einsichtig“.

Wer schon zu Beginn einer Debatte Zugeständnisse macht, läuft Gefahr, dass die anderen Teilnehmer ihn für nachgiebig halten. Folge: Sie werden noch mehr fordern. Besser: Wer zunächst sein Ziel hoch ansetzt, dann in Teilpunkten nachgibt, erscheint als kompromissbereit und gibt dem anderen das Gefühl, etwas erreicht zu haben.

Zusammenfassung:

- Nicht nur die eigene Argumentation sorgfältig vorbereiten, sondern auch das Erfassen derjenigen Ihrer „Gegenseite"!
- Keine taktischen „Erfolge" auf Kosten der Strategie! Keine Nebenkriegsschauplätze!
- Logisch richtig bedeutet nicht automatisch psychologisch gewinnend!
- Das Endziel nicht aus den Augen verlieren!
- Verständigung ist besser als Streit!

Diskussionen sind manchmal entscheidender für die Wirkung als der Vortrag. Die beste Rede kann durch eine schlechte Diskussion zerstört werden. Trainieren Sie Diskussionen und Debatten. Dann werden Sie Menschen wirklich überzeugen – durch erfolgreiche Kommunikation.

Jetzt können Sie die vier einleitenden Fragen beantworten und die vier Fallbeispiele des Kapitelanfangs lösen!

Erfolgsrezepte aus kürzlich erlebter Praxis:

1. Wenn Sie überhaupt nicht mehr weiter wissen, versuchen Sie mit allen Mitteln Zeit zu gewinnen. Rückfragen, Aufklärungswünsche, Hintergrundaufklärung erbitten usw. verschaffen Ihnen Luft.
2. Eigene Überempfindlichkeit bewusst und energisch abbauen.
3. Sie können nicht alle Menschen überzeugen. Ärgern Sie sich nicht über einzelne Widersacher. Ihr Ziel ist die Gruppe.

12

Vor allem: Motivieren können!

Können Sie diese vier Fragen beantworten?

1 *Weshalb sind Motivation und Kommunikation untrennbar?*

2 *Haben alle Menschen die gleichen Handlungsmotive?*

3 *Sind die Motive einer Gruppe dieselben wie die gesammelten Motive der einzelnen Gruppenmitglieder?*

4 *In welchem Maße gibt es dominierende Motive, die Sie bei allen Menschen vergleichsweise leicht erkennen können?*

Können Sie diese vier Probleme lösen?

1

Heinrich Wagmann, Vertriebsvorstand eines bedeutenden Maschinenbauunternehmens im Ruhrgebiet, spricht über die Unternehmenszukunft vor Abteilungsleitern, Innendienst, Außendienst und Auslandsvertretern. Er ist dynamisch, voller Expansionsideen, mitreißend, scharf in seiner Art (auch unbeabsichtigterweise mal verletzend). Seine Markenartikelvergangenheit ist ihm anzumerken und wird ihm von vielen angelastet. Seinen Erfolgen begegnet man mancherseits mit Missgunst. Einige Äußerungen wie: „Neuen Zug in den Laden bringen", „Alte Zöpfe abschneiden", „Schnee von gestern", „Den Jungen eine Chance geben", „Für die Vergangenheit kann man sich nichts, aber auch gar nichts kaufen", haben ihm viele nicht vergessen. Sein brillanter Vortrag gipfelt in einer Aufforderung, „mit mehr Einsatz, Einsicht und Entschlossenheit die Unternehmensziele zu verfolgen, auch mehr Risiken auf sich zu nehmen und mit neuen Ideen zu kommen".

Das Echo ist verhalten, und Herr Wagmann bemüht sich, seine Enttäuschung zu verbergen. Hat er etwas falsch gemacht? Falsche Töne angeschlagen? Die Unternehmenskultur nicht berücksichtigt?

2 Die kleine Schraubenfabrik in Süddeutschland befindet sich in einer schwierigen Situation. Das Traditionsunternehmen mit vierzig meist älteren, dem Betrieb seit Jahrzehnten angehörenden Mitarbeitern schreibt seit zwei Jahren rote Zahlen. Eine schlechte Auftragslage, alte Produktionsanlagen und eine sinkende Produktivität der Mitarbeiter sind die Ursachen. Eine Besserung der Geschäftslage ist kurzfristig nicht zu erwarten. Firmenchef Staubmann steht vor der Alternative: Konkurs anmelden und in den Ruhestand gehen oder zehn Mitarbeiter entlassen und die Firma gesundschrumpfen. Er entscheidet sich für das Zweite. Herr Staubmann ruft eine Betriebsversammlung ein und konfrontiert die Mitarbeiter mit den deprimierenden Fakten. Nachdem er alle Zahlen auf den Tisch gelegt und auch die Zukunft nicht in rosigen Farben gemalt hat, teilt er der Versammlung seine Entscheidung mit, zehn Kollegen zum nächsten Quartalsschluss zu entlassen. Natürlich drückt er sein Bedauern aus und versichert, dass die Zeiten sich wieder ändern werden. Die Rede hat eine verheerende Wirkung. Keiner der Mitarbeiter fühlt sich positiv angesprochen oder motiviert, alle sind unruhig und niedergeschlagen. Die Folge: Auch in den Monaten nach der Betriebsversammlung geht kein „Ruck“ durch die Belegschaft, niemand engagiert sich besonders, die Arbeitsproduktivität sinkt weiter.

Wie hätte der Firmenchef das „Ruder“ aus Kommunikationssicht herumreißen können?

3

Auf einer Vorstandssitzung eines großen Beratungshauses kommt es zu einer Kontroverse. Ein Teil des Vorstandes möchte mehr Kraft auf die Gewinnung von neuen Kunden legen, andere Mitglieder halten es für notwendiger, die bestehenden Kundenkontakte zu pflegen und auszubauen. In den letzten Monaten sind eine Reihe langjähriger Kunden, anscheinend aus Unzufriedenheit mit den Leistungen der Firma, abgesprungen. Anton Streich, der erste Redner auf der Sitzung, argumentiert für die zweite Lösung. Er sagt: „Ich möchte dafür plädieren, dass wir uns als seriöses Haus eindringlich bemühen, unsere Kunden zufrieden zu stellen und nicht nach neuen Zielen zu schielen, bevor wir nicht unsere alte Bastion vor einer Überrumpelung durch die Wettbewerber gesichert haben."

Zustimmung bekommt er für seine Rede nur von den Vorstandsmitgliedern seiner Fraktion, die von Anfang an seine Meinung teilten. Er hat zwar überzeugend argumentiert, aber vergessen … Was hat er vergessen?

4 Die Politiker zweier Parteien stellen sich auf einer Wahlveranstaltung eines kleinen Dorfes vor. Jeder der beiden hat nur fünf Minuten Redezeit. Nachdem der Erste gesprochen hat, vor allem die Parteigrundsätze dargelegt und die Leistungen seiner Partei eindringlich geschildert und um Vertrauen und Unterstützung geworben hat, geht der Politiker der zweiten Partei ans Rednerpult. „Möchten Sie mehr Geld am Ende des Monats im Portemonnaie haben, keine Angst mehr haben, dass das Finanzamt Ihnen das meiste wieder nimmt? Wollen Sie mehr Erfolg für die Landwirtschaft sehen, von der wir fast alle leben, und sich auch häufiger einmal einen Urlaub gönnen können, um etwas vom Leben zu haben? Sie haben die Chance. Das sind keine Illusionen. Jedem von uns kann es im nächsten Jahr schon besser gehen."

Welchem Politiker hören die Leute lieber zu – auch wenn sie den Versprechungen möglicherweise skeptisch gegenüberstehen? Wer die Aufmerksamkeit der Teilnehmer gewinnt, kann auch ihre Meinung verändern. Dafür gibt es Lösungen. Kennen Sie sie?

Die Kunst der Kommunikation besteht darin, zu den Zuhörern eine echte Beziehung zu schaffen. Das geschieht vor allem durch – Motivation der Zielgruppe. So mancher Politiker, Unternehmer, Vereinsvorstand hat sich schon gefragt: „Weshalb kommt das, was ich sage, nicht an?" Die Antwort: Weil Motivation für sei ein Fremdwort ist. Für jeden Redner gilt:

Wenn Sie Ihre Teilnehmer erstens nicht motivieren können, Ihnen zuzuhören, und zweitens Motive nicht ansprechen können, die sie innerlich bewegen, werden Ihre Reden zu einer „brotlosen Kunst".

Neun von zehn Informationsreden bleiben wirkungslos, weil der Redner die Motivation der Zielgruppe nicht angesprochen hat. Instruktionsreden bleiben wirkungslos, weil die Teilnehmer nicht motiviert werden zu lernen.

Personalansprachen verfehlen den richtigen Ton und stoßen ab, anstatt anzuziehen. Kundenpräsentationen werden egozentrisch aufgezogen und verfehlen mögliche Kaufmotive. Firmenchefs überschätzen den gemeinsamen Nenner ihrer Ziele und den ihrer Mitarbeiter und reden ins Leere. Ältere wollen Jüngere belehren (die nicht belehrt werden wollen), und Jüngere wollen Älteren klarmachen, wo es heute „langgeht" (was diese natürlich abstößt). Die vier Problemfälle geben weitere Beispiele.

Welche Motivationen oder Primärmotive können Sie denn ansprechen? Mehr als Sie je in einer Rede unterbringen können. Vergleichen Sie nur einmal die folgende Liste. Sie ist ausführlich, aber bei weitem nicht vollständig.

Ansprechbare Primärmotive (Auszug)

1. Geltung

Prestige	Macht	Neid
Bedeutung	Anerkennung	Status
Ehrgeiz	Wertschätzung	Individualität
Eitelkeit	Vornehmheit	Titel

Selbstbewusstsein	Auszeichnung	Karriere
Erfolg	Fortschritt	Beförderung
Respekt	Wettbewerb	Stolz
Leistung	Sieg	Überlegenheit

2. Sicherheit

Besitz	Verteidigung	Vertrauen
Zuverlässigkeit	Schutz	Hilfe
Versicherung	Vertrag	Nachweis
Stabilität	Garantie	Solidität

3. Neugier

Entdeckung	Forschung	Geheimnis
Spiel	Interesse	Frage
Suche	Experiment	Revolution
Erfahrung	Entwicklung	Kenntnisse

4. Anlehnung (Kontakt)

Gruppe	Unterstützung	Freundschaft
Beitritt	Sympathie	Beziehung
Zugehörigkeit	Zusammenarbeit	Freundlichkeit
Hilfe	Herzlichkeit	Beliebtheit

5. Erwerbsstreben (Verdienst)

Einkommen	Besitz	Beteiligung
Nutzen	Geld	Sparen
Kapital	Anlage	Gewinn
Wirtschaftlichkeit	Ertrag	Reichtum

6. Liebe

Sex	Zuneigung	Männlichkeit
Geschlechtstrieb	Faszination	Weiblichkeit
Verführung	Flirt	Zärtlichkeit
Erotik	Reiz	Verlangen

7. Bequemlichkeit

Trägheit	Erholung	Wohlbefinden
Ruhe	Einfachheit	Annehmlichkeit
Schlaf	Entspannung	Betreuung
Vereinfachung	Entlastung	Nichtstun

8. Gesundheit (Erholung)

Ferien	Lebenshaltung	Entspannung
Sport	Nahrung	Erholung
Spiel	Medizin	Kur
Lebensweise	Bewegung	Ausruhen

G/S-Motivationen beobachten und ansprechen.

Nun ist nicht jeder Mensch gleichermaßen ansprechbar und motivierbar. Also unterscheiden. Auch ist eine Gruppenmotivation nicht gleichbedeutend mit den addierten Motiven der einzelnen Teilnehmer, sondern eher ein gemeinsamer Nenner für die Motivationen der dominierenden Mitglieder, außerdem mit einer Nivellierungstendenz (Ausschaltung extremer Meinungen). Für einen brauchbaren, bewusst vereinfachten, praktischen Schlüssel zur Motivationsentdeckung benutzen Sie die G/S-Struktur. Sie deckt mehr als zwei Drittel aller Fälle von Motivationsansprachen im Berufsleben ab. G steht für Geltung (oder Macht), S für Sicherheit (oder Schutz). Drei Möglichkeiten gibt es:

1. Ihr Gegenüber hat ein stark ausgeprägtes Geltungsbedürfnis. Dann ist ihm Sicherheit nebensächlich. Er ist also auf G ansprechbar (auch verletzbar), nicht aber auf S.
2. Der (die) Betreffende hat ein ernormes Bedürfnis nach Sicherheit. Dann ist sein (ihr) Wunsch nach Geltung nicht sehr ausgeprägt. Er (Sie) ist also auf S, nicht aber auf G ansprechbar (und verletzbar).
3. Geltung und Sicherheit halten sich die Waage. Aber beide Impulse sind nur mittelmäßig ausgeprägt. G und S sind aber beide ansprechbar, aber mit bedingter Wirkung.

Schematisch ausgedrückt:

1	G (groß)	S (klein)
2	G (mittel)	S (mittel)
3	G (klein)	S (groß)

Vergleichen Sie auch die Liste der Primärmotive: Die Punkte 1 und 2 der Liste (Geltung, Sicherheit). Zu 1 fügen Sie Punkt 3 (Neugier) und zu 2 noch Punkt 4 (Anlehnung) hinzu und vervollständigen so die Aufzählungen. Damit decken Sie einen Großteil aller denkbaren Motivationen oder Antriebskräfte ab. Nehmen Sie sich jetzt mal zehn Freunde oder Bekannte vor, und Sie werden sie unschwer in einer der drei G/S-Gattungen unterbringen können.

Wenn Sie als Redner eine Gruppe geprägt von Geltungsdominanz mit Worten, die Ziele wie Macht, Prestige, Anerkennung und Bestätigung unterstreichen, ansprechen, liegen Sie richtig. Sollten Sie dagegen S ansprechen und von Vorsicht, Absicherung, Konsolidierung und Unterstützung reden, können Sie keine Akzeptanz erwarten.

Sprechen Sie eine Gruppe mit Sicherheitsdominanz mit Worten an wie: „Wir gehen aufs Ganze" oder „Wir können jedes kalkulierbare Risiko auf uns nehmen" oder „Jetzt erst recht" oder „Das werden wir denen zeigen", dann werden Sie keine positive Reaktion ernten.

Bei einer gemischten Gruppe, bei der G und S gleichermaßen ausgeprägt sind, können Sie zwar kaum Fehler machen, Sie können aber auch mit Ihren Argumenten keine Bäume ausreißen. Das Wort „Gruppe" setzt Gemeinschaft voraus sonst ist sie nicht als Gruppe ansprechbar. Natürlich ist die Motivationsansprache an Einzelpersonen einfacher. Daher sind bei schwierigen Fällen Einzelgespräche Erfolg versprechender.

Jedes Vorteilsversprechen, jeder Vorschlag spricht die Motivation mehr oder weniger stark an. Glauben Sie nicht, dass nur materielle Vorteile „ziehen". Erfolg, Stolz, Leistung oder Anhänglichkeit, Zuneigung, Aufopferung sind häufig stärkere „Motivatoren" als Geld. Motivatoren schaffen Leistungsbereitschaft. ausbleibende Belohnung, auch ideeller Art, schwächt die Leistungsbereitschaft.

Nicht Rhetorik und geschliffener Ausdruck, sondern Kommunikation und Motivation

Diese Verbindung von Kommunikation und Motivation unterscheidet sich meilenweit von der herkömmlichen Rhetorik. Diese bezeichnet nur die geschliffene Form der Darstellung. Kommunikation macht aus Zuhörern Teilnehmer und Partner. Diese Einbeziehung ist natürlich mehr als eine Technik. Sie verlangt das wirkliche Eingehen auf Teilnehmermotivationen. Und dazu gehört auch das Zuhören. Das ist mehr als Hören, auch mehr als Anhören. Geben Sie anderen mehr Gelegenheit, sich zu äußern, dann werden Ihre Äußerungen auch angehört. Sollten Sie das Gefühl haben, das Kapitel Motivation sei knapp behandelt, dann schlagen Sie bitte alle anderen Kapitel noch einmal auf – in jedem wird das Thema mehrfach berührt! Ohne Motivation keine Kommunikation. Das gilt natürlich auch für Ihre eigene. Sie müssen auch motiviert sein, um andere motivieren zu können.

Kommunikation und Motivation sind die Schlüssel zu Erfolg und Erfüllung. Erschließen Sie sich damit Ihre Zukunft.

Die vier Fragen und die vier Probleme am Anfang dieses Kapitels werden Ihnen nun sicherlich kein Kopfzerbrechen mehr machen.

Ohne Motivation keine Kommunikation. Wenn Sie Menschen überzeugen wollen, müssen Sie sie richtig ansprechen und ihre primären Bedürfnisse erfüllen. Beachten Sie dabei immer die beiden Grundbedürfnisse: Geltung und Sicherheit!

Sie haben jetzt ein Mittel in der Hand, um Menschen zu gewinnen und zu überzeugen. Setzen Sie es für eine gute Sache ein.

Erfolgsrezepte aus kürzlich erlebter Praxis:

1. Verwechseln Sie nicht Motivation und Zufriedenheit. Motivation beinhaltet Leistungsbereitschaft.
2. Machen Sie sich intensiver vertraut mit der Motivation Ihrer Mitarbeiter, Zuhörer, Kunden. Sie können nicht schwach ausgeprägte Motivationen mit Erfolg ansprechen.
3. Die G/S-Struktur ist Ihr einfachstes Handwerkzeug.

Wenn Sie noch mehr über Kommunikation wissen wollen, setzen Sie sich bitte mit uns in Verbindung. Auch bei etwaigen Verständigungslücken bei den 4 Fragen und 4 Problemen jedes Kapitels.

Heinz Goldmann FOUNDATION
6 Route de Malagnou, CH 1208 Genf
Telefon (0 22)70 20 740 · Fax 70 20 741
E-Mail: h.goldmann@goldmann.ch

www.harvardbusinessmanager.de
Und Sie dachten,
Sie wüssten schon alles.
Willkommen
in Harvard.
Auf dem Weg nach oben gibt es viele Regeln. Eine gilt jedoch immer: Früher mehr wissen. /// Lesen Sie daher den Harvard Businessmanager. Und profitieren Sie von den Trends, Strategien und Fallstudien der besten Business Schools der Welt sowie von den Erfahrungen renommierter Manager. /// Aktuell im gut sortierten Handel oder einfach per Telefon Miniabo zum Vorzugspreis bestellen: +49/1801/552255
Harvard Business
manager
Read to Lead.
Harvard Business
manager
Was wirklich
funktioniert
Die acht
erfolgreichsten
Management-
Methoden
Mittelstand
Zweistellig wachsen ohne neue Produkte
Investitionen
Die Kosten zuverlässig vorhersagen
Motivation
Mit guten Geschichten überzeugen
Klassenkampf
Manager kontra Aktionäre